UNCOMPROMISING

不妥協的愛

劉小軍 著

設立「底線」
完善孩子的正向特質

人品塑造 × 情緒控制 × 三觀養成 × 獨立訓練，
避免「黑子化」發展，從小就要充實孩子的心靈

▶ 小孩平常很安靜，但是一有訪客就變得「人來瘋」？
▶ 在大眾運輸上哭鬧不休，公共場所該怎樣約束孩子？
▶ 想給孩子自主空間又怕亂花錢，零用錢到底怎麼給？

小孩越管越「放肆」，又不能當恐龍家長怎麼辦？
拋開「命令式」的教養，用尊重的態度把孩子引導回正途！

目 錄

前言

第一章　讀懂孩子的心，是正確教養的前提

　　理解，是最有效的管教 …………………………………… 012
　　尊重，成就內心強大的孩子 ……………………………… 015
　　信任是一種快樂，被信任是一種幸福 …………………… 019
　　學會用商量去替代命令 …………………………………… 022
　　孩子應該有自己的交友圈 ………………………………… 025
　　暗示的可怕力量 …………………………………………… 029
　　優秀的父母都善用同理心 ………………………………… 032
　　你越禁止，孩子越想要做 ………………………………… 036
　　有安全感的孩子，一生都幸福 …………………………… 039
　　不要嘲笑孩子的「小問題」 ……………………………… 042

第二章　孩子未來的成功，最終拚的是人品教養

　　懂得尊重他人，才能獲得他人的尊重 …………………… 048
　　教孩子善良是父母最大的遠見 …………………………… 051
　　學會寬容，讓孩子站在對方的角度想問題 ……………… 055
　　誠實，是孩子的做人底線 ………………………………… 058
　　以身作則，為孩子樹立誠信的榜樣 ……………………… 061
　　不能遵守時間約定的人是不值得信任的 ………………… 065

目錄

　　讓孩子懂得自我反省，不隨便評論別人⋯⋯⋯⋯⋯⋯⋯⋯069
　　謙虛既是美德，也是教養⋯⋯⋯⋯⋯⋯⋯⋯⋯⋯⋯⋯⋯073
　　同情心：言傳身教的同時為孩子營造愛心氛圍⋯⋯⋯⋯⋯076

第三章　完善的性格，是父母一點點給的

　　挫折教育提升孩子抗壓能力⋯⋯⋯⋯⋯⋯⋯⋯⋯⋯⋯⋯080
　　把幽默「傳染」給孩子⋯⋯⋯⋯⋯⋯⋯⋯⋯⋯⋯⋯⋯⋯083
　　培養孩子專注的性格，只有專注才能走得更遠⋯⋯⋯⋯⋯086
　　積極陽光，引導孩子發現自身的優點⋯⋯⋯⋯⋯⋯⋯⋯⋯090
　　「你不行」說得太多，孩子就會真不行⋯⋯⋯⋯⋯⋯⋯⋯093
　　孩子學不會獨立是教育的災難⋯⋯⋯⋯⋯⋯⋯⋯⋯⋯⋯⋯096
　　一顆勇敢的心不是說出來的⋯⋯⋯⋯⋯⋯⋯⋯⋯⋯⋯⋯⋯099
　　世上沒有不懂感恩的成功者⋯⋯⋯⋯⋯⋯⋯⋯⋯⋯⋯⋯⋯102
　　勇於承擔的孩子最優秀⋯⋯⋯⋯⋯⋯⋯⋯⋯⋯⋯⋯⋯⋯⋯106
　　讓孩子愛上表達，勇於表達⋯⋯⋯⋯⋯⋯⋯⋯⋯⋯⋯⋯⋯110

第四章　情緒控制，彰顯孩子良好的教養

　　方法總比困難多，讓孩子正確對待畏難情緒⋯⋯⋯⋯⋯⋯114
　　不暴躁，無論多有理也不能出口傷人⋯⋯⋯⋯⋯⋯⋯⋯⋯117
　　不自卑，每個孩子都有自己的長處和短處⋯⋯⋯⋯⋯⋯⋯120
　　不衝動不急躁，教孩子有耐心地面對一切⋯⋯⋯⋯⋯⋯⋯124
　　遇事從容，做一個不焦慮的孩子⋯⋯⋯⋯⋯⋯⋯⋯⋯⋯⋯127
　　當孩子開始嫉妒時，讀懂背後的祕密⋯⋯⋯⋯⋯⋯⋯⋯⋯130
　　不敏感，讓內心變得強大起來⋯⋯⋯⋯⋯⋯⋯⋯⋯⋯⋯⋯134

孩子「人來瘋」，如何滿足他的表現欲⋯⋯⋯⋯⋯⋯⋯⋯⋯ 137

理解和尊重，允許孩子表達情緒⋯⋯⋯⋯⋯⋯⋯⋯⋯⋯⋯ 140

第五章　拒絕拜金主義，培養孩子正確的財富觀

拒絕拜金主義，讓孩子的內在很富有⋯⋯⋯⋯⋯⋯⋯⋯⋯ 144

讓孩子正確理解錢的價值，把錢花在刀口上⋯⋯⋯⋯⋯⋯ 147

與孩子一起制定理財計畫更容易培養財商⋯⋯⋯⋯⋯⋯⋯ 151

一定要給孩子零用錢，並讓孩子學會花錢⋯⋯⋯⋯⋯⋯⋯ 154

賺錢：千言萬語都比不上孩子親自體驗⋯⋯⋯⋯⋯⋯⋯⋯ 158

哭窮的父母只能培養出「心窮」的孩子⋯⋯⋯⋯⋯⋯⋯⋯ 161

超前投資，學會用錢生錢⋯⋯⋯⋯⋯⋯⋯⋯⋯⋯⋯⋯⋯⋯ 165

孩子的壓歲錢，上交和放任都不是上策⋯⋯⋯⋯⋯⋯⋯⋯ 168

當孩子問「我們家有錢嗎？」家長們該怎麼回答⋯⋯⋯⋯ 171

當孩子伸手要錢，如何拒絕才最健康⋯⋯⋯⋯⋯⋯⋯⋯⋯ 174

第六章　孩子的教養，都藏在孩子閱讀的書中

閱讀，決定孩子一生是貧瘠還是豐厚⋯⋯⋯⋯⋯⋯⋯⋯⋯ 178

為孩子留一間房，不如留一屋書⋯⋯⋯⋯⋯⋯⋯⋯⋯⋯⋯ 181

做個愛閱讀的父母，孩子才會愛閱讀⋯⋯⋯⋯⋯⋯⋯⋯⋯ 183

培養孩子的閱讀習慣要趁早⋯⋯⋯⋯⋯⋯⋯⋯⋯⋯⋯⋯⋯ 186

書籍能帶給孩子靜下來的能力⋯⋯⋯⋯⋯⋯⋯⋯⋯⋯⋯⋯ 189

讓孩子愛上睡前閱讀⋯⋯⋯⋯⋯⋯⋯⋯⋯⋯⋯⋯⋯⋯⋯⋯ 192

多閱讀一些經典名著⋯⋯⋯⋯⋯⋯⋯⋯⋯⋯⋯⋯⋯⋯⋯⋯ 196

如何讓孩子的功課和課外閱讀平衡發展⋯⋯⋯⋯⋯⋯⋯⋯ 199

第七章　樹立夢想，讓孩子成為有教養、有理想的人

選擇飯碗教育，還是夢想教育？……………………………… 204

好孩子不是得第一名，而是被喚醒夢想的種子 ……………… 208

尊重孩子的夢想，不隨意貶低 ………………………………… 211

給孩子多些引導，不要讓夢想成為空想 ……………………… 215

不要將自己未實現的夢想強加給孩子 ………………………… 218

教孩子制定目標，和孩子一起完成夢想計畫書 ……………… 221

別只記得孩子的大夢想，卻忘了滿足孩子的小願望 ………… 224

夢想路上，培養孩子的堅持力 ………………………………… 227

第八章　窮養富養，都不如好的教養

你不教養孩子，這個世界會狠狠地教育他 …………………… 232

禮貌是教養的外在表現 ………………………………………… 235

過度溺愛的孩子很「丟臉」 …………………………………… 238

「不聽話」未必是孩子的錯 …………………………………… 241

好習慣帶來好教養 ……………………………………………… 244

每個場合都有它的規矩 ………………………………………… 247

糾正孩子行為中的攻擊性 ……………………………………… 251

你以為的「童言無忌」其實很傷人 …………………………… 254

越是妥協，孩子越是「貪心」 ………………………………… 257

別讓你的孩子成為人見人厭的「小屁孩」 …………………… 260

你的修養，決定孩子的教養 …………………………………… 263

前言

父母都希望給孩子足夠的自由和滿滿的愛，恨不得將世界上最好的東西都送予孩子。所以很多家長在生活中一味地縱容孩子，覺得「孩子喜歡最重要」、「孩子長大後自然就懂規矩了」……

然而，無規矩不成方圓。如果父母沒有原則，不為孩子制定規矩，孩子便辨別不了自己的言行究竟是好是壞。所以，有些孩子總是無緣由地對家人發脾氣，做錯了事非但不知錯，還推卸責任；讓他做點事，他卻跟你談條件：「我可以幫你掃地，但你要送我新的玩具。」

家長付出所有，不是為了「培養」孩子高人一等的優越感。正如兒童教育家蘇霍姆林斯基所言：「如用幾句話來表達家庭教育學的全部精華，那就是要使我們的孩子成為堅定的人，能嚴格要求自己。」孩子的未來，最終拚的是人品和教養。

讀懂孩子的心，是正確教養的前提。孩子在表達需求時的獨特方式往往讓家長一頭霧水，不知該如何應對。其實，孩子的種種言行舉止，都可以從心理學中找到相應的解釋。比如：孩子在人群中尖叫，可能是為了吸引大人的注意力；孩子不想做某件事時，會搬出「肚子痛」等各種幼稚的藉口；孩子過分調皮，多半是希望得到家長的陪伴……

想要讀懂孩子的心，就要尊重孩子的想法，信任孩子的選擇。改掉「你必須聽我的……」、「趕緊……」等口頭禪，善用同理心，並學會用商量的語氣和孩子交流溝通。

「媽媽，飛機為什麼不會掉下來？」面對孩子各種無厘頭的問題，家

前言

長不能敷衍了事,更不能嘲笑制止。不妨幽默化解、巧妙應答,以此提升孩子的創造性、激發其好奇心。

孩子的教養展現在何處?懂得尊重他人的言行、意願和勞動成果的孩子,才能贏得他人的尊重,這是人際交往中最基礎的禮儀修養。能夠寬容他人過錯、心地善良的孩子,擁有著健全的人格,舉手投足間展現著非凡的魅力。誠實、守時的孩子,更是深受歡迎。謙虛自律、懂得反省的孩子,在人生路上會越走越穩。

孩子的教養來自何處?這與父母的言傳身教息息相關。孩子完善的性格,是父母一點點塑造的。家長要善用挫折教育,讓孩子成為「輸得起、靠得住」的人。

家長要將幽默「傳染」給孩子,讓孩子學會自嘲、勇於表達,並為孩子創設充滿愛心的、樂觀向上的家庭氛圍。「你不行」、「你笨得很」說多了,只會壓垮孩子的自信心。家長應積極挖掘孩子身上的優點,將其變成能讓孩子受益一生的特長。

擁有良好教養的孩子是情緒管理的高手,家長應教會孩子正確地認識情緒、表達情緒。暴躁、衝動、敏感、焦慮、畏難……無論孩子表現出的是哪一面,都不可怕。給孩子一定的情緒空間,引導孩子擁有積極的自我認同,孩子才能獲得安全感,並健康成長。

孩子的教養,都藏在孩子的閱讀經歷中。有閱讀介入專家指出:「不是教孩子如何閱讀,而是教孩子渴望閱讀。」家長應當不動聲色地「誘惑」孩子閱讀,透過各種管道培養孩子的閱讀興趣,幫助孩子形成良好的閱讀習慣,而不是逼著孩子去閱讀,或者打擊孩子的閱讀自信心。因為在教育中,誘惑比強迫要有用得多。

想讓孩子成為有教養、有理想的人，家長要喚醒孩子心中夢想的種子。有一位專家說：「教育的最高境界是『不言之教』，是父母身體力行帶給孩子夢想。」一方面，家長不能隨意嘲弄孩子的夢想；另一方面，家長還要積極引導孩子確定人生夢想，用行動去追夢。

最重要的是，不要將自己未曾實現的夢想強加給孩子。孩子是獨立的個體，不是父母用來滿足自我期望的工具。孩子有孩子的夢想，家長要做的是幫助孩子完成夢想的計畫書。

家長不教育好孩子，這個社會會代你狠狠地教育他。孩子的教養是不能缺席的一課，尤其是在公眾場合，家長要教孩子懂禮貌，這是教養的外在表現。

家長自身的修養，對孩子的教養有著至關重要的影響。家長若沒有原則地妥協，對孩子的要求不懂得適當滿足、適當拒絕，只會讓孩子向著「屁孩」的方向發展。貫穿本書的主題正展現於此：我們的愛，可以沒有條件，但千萬不能缺少原則。讀完本書，你會對孩子的心理有更深的理解，你會發現只要改變教養方式，哪怕是「猴死囝仔」，缺點也會慢慢改正，變得越來越優秀。

前言

第一章
讀懂孩子的心,
是正確教養的前提

第一章　讀懂孩子的心，是正確教養的前提

理解，是最有效的管教

家長覺得孩子淘氣、不聽話……這種種想法，基本都是在用成人的視角去看待孩子。三四歲孩子的家長尚不能理解孩子哭鬧背後的真相，面對青春期的孩子，家長們更不懂孩子在想些什麼。所以，很多家長渴望能學會「讀心術」，以便能明白孩子的心理、找到其行為動機，更好地管教孩子。

剛上小學的玉玉做完作業後，在沒人要求的情況下，興致勃勃地朗讀起第二天要學的課文。媽媽在一旁聽得很認真，偶爾聽到玉玉讀錯的地方也會和顏悅色地指出來。一開始，玉玉痛痛快快地改了。可是之後，媽媽又連續指正了五六次，玉玉不高興了，將書扔在一邊悶聲道：「不讀了！」

媽媽的好心在一定程度上打消了玉玉閱讀的積極性。這個例子也反映出家長在教育孩子過程中的一些迷思。換位思考，若你正興致勃勃地做一件事，身旁的人卻總說你這裡不對那裡不對，即使你明白對方是出於好意，恐怕也不會高興。

家長在教育孩子的時候，要站在孩子的角度看問題。孩子的感受究竟是怎樣的呢？其實啊，孩子的心理反應其實和大人差不多，只是認知程度不同，二者都喜歡被讚揚、被鼓勵，不喜歡被澆冷水；喜歡被尊重，不喜歡被忽視；順順利利就開心，遇到了挫折就傷心；自由自在就覺得舒服，言行遭到限制就覺得煩惱……

孩子和大人一樣，當現實與預期不符時就會心生惱怒。只不過孩子心思單純，未經過磨練，不懂得克制、忍耐。家長想要讀懂孩子，就先

想想如果是自己遇到不順心的情況，是否也會這樣。

孩子很多讓人抓狂的行為，其實是成長過程中很正常的表現。孩子的心是純淨的、沒有邪念的，他們的所有情緒和想法都會直接用行為不加掩飾地表現出來。他們還不太懂得是非對錯，不了解「大人世界」的規則，行動往往隨心所欲。當孩子做出任性妄為的行為時，家長應直接與孩子溝通，了解孩子的想法。注意，這裡所說的溝通是讓父母扮演提問者、傾聽者，透過循循善誘的方式了解孩子的想法。

家長透過遊戲可以發現孩子所具有的特質：調皮、聰明、善良、勇敢……

透過孩子畫的畫，家長可以了解孩子的內心，這在心理學上被稱為「塗鴉心理學」。繪畫是一種特殊語言，自有其內在的邏輯。觀察孩子所使用的線條、色彩、人物、環境、布局等因素，能夠幫助家長解鎖孩子內心的密碼。

爸爸和琪琪一起畫畫玩，孩子畫好後，爸爸拿起琪琪的畫仔細觀摩了一下。他發現，畫中的琪琪雖然站在草地中間，但是明顯離爸爸遠，離媽媽近。

爸爸問：「距離畫裡的琪琪最遠的那個東西是什麼？」

琪琪回答說：「是房子。」

「為什麼房子這麼小，這麼遠？」

琪琪說：「因為家離畫上的我們很遠。」

「為什麼家離這麼遠？」

「因為我不喜歡待在家。」

「為什麼不喜歡呢？」

琪琪說：「我希望爸爸媽媽能一起帶我去草地上玩。」

第一章　讀懂孩子的心，是正確教養的前提

原來，琪琪的父親忙於事業，很少有時間陪伴琪琪。家對於琪琪而言，好比禁錮自由的牢籠。琪琪渴望父母能抽出時間，陪她外出遊玩。

為了讀懂孩子的心，家長要加強修養，積極地去了解孩子整個兒童期的發展特點。因為孩子在不同年齡層有著不同的喜好，比如說，某一階段的孩子很喜歡玩泥土、玩沙子，如果家長不懂得這一階段孩子的心理特點，很可能會出於衛生或者看護的考慮粗暴地制止孩子去玩耍，而孩子則會因為需求受挫而鬧脾氣。

孩子的需求表達方式往往有著一定的獨特性。比如：孩子頻頻搗亂，其實是為了吸引家長的注意力，希望得到家長的陪伴；孩子想要逃避某個任務時，可能會找出各種荒誕的藉口……如果家長只關注問題的表面，一味用嚴厲批評的方式制止孩子淘氣的行為，孩子很有可能會感到不被理解。

孩子若傾訴欲望強烈、善於表達感受，那麼心思則更容易被家長了解。所以，家長要多鼓勵孩子表達自己的立場和感受，並發自內心地尊重孩子，不隨意壓制孩子表達的自由。

有些家長認為，孩子懵懂無知、想法幼稚，只需要告訴孩子什麼能做，什麼不能做即可，家長沒有必要去了解孩子在想些什麼。然而這樣的做法非但突顯不了家長的權威，反而會讓孩子覺得家長專斷獨行、不理解自己內心的想法，以至於傷害了親子間的感情。每一個孩子都是獨立的個體，家長只有讀懂孩子的內心，才能更好地教導孩子。

尊重，成就內心強大的孩子

專家說：「愛孩子是一種本能，尊重孩子是一種教養。」家長希望孩子擁有優秀的品格，比如寬容、純良、感恩、堅強等，這些都建立在愛與被尊重的基礎上。家長的愛和尊重可以造就內心強大的孩子。不過，你真的懂得如何尊重孩子嗎？

青青開心地告訴媽媽：「我和新同桌成了好朋友，她送了我一個玩具小戒指，我把我的掛墜送給她了。」聽到這裡，媽媽臉色瞬間就變了。那個掛墜精美又昂貴，是媽媽帶著青青去泰國旅行時，從一家店鋪裡淘到的。

媽媽覺得這個小掛墜有著特殊的意義，比青青的好朋友送的廉價戒指價值高出很多，便不高興地說：「妳怎麼能擅自做主將掛墜送給別人呢？」

青青愣住了，怯怯地說：「這個掛墜不是買給我的嗎？妳之前不是說凡是我自己的東西都可以自主安排嗎？」媽媽不知道該說什麼，生起悶氣來。青青也賭氣躲進房裡。

在青青眼中，禮物是沒有高低貴賤之分的，最重要的是心意。而媽媽以大人的價值標準去衡量青青的選擇，讓原本想要分享喜悅的青青感受到失落的情緒。尊重孩子，就是要尊重孩子的選擇和決定。家長眼中的一些利弊得失，在孩子心裡或許遠遠沒有真摯的情誼重要。有些家長一味地以自己的價值標準去評價孩子的決定，讓孩子陷入對自己行為的不斷懷疑中，變得患得患失，猶豫不決，生怕自己做了錯事。

尊重孩子，就要學會考慮孩子的情緒。當孩子哭泣、恐懼的時候，家長不要一味地斥責孩子軟弱、沒有主見，禁止孩子去釋放情緒。

第一章　讀懂孩子的心，是正確教養的前提

童童一不小心摔壞了心愛的玩具槍。他守著一堆零件自責不已，難過得直流眼淚。

爸爸看到了，生氣地說道：「哭什麼，再買個新玩具就是了。」童童傷心不已：「我就想要我的這把玩具槍。」爸爸嗤之以鼻：「真做作！動不動就流眼淚像什麼樣子！」

童童害怕得擦乾了眼淚。情緒平復後，他問爸爸：「爸爸，那你再買把新的玩具槍給我吧。」爸爸便又生氣地說：「一個男孩子怎麼這麼優柔寡斷！你剛剛怎麼不要？現在想要也沒了，你已經錯過機會了！」

童童失望極了，眼淚奔湧而出。爸爸喝斥道：「男孩子哭哭啼啼的真丟人！給我把眼淚忍回去。你記住，男子漢不能哭！」

童童拚命抑制住眼淚，低聲抽噎起來……

爸爸眼中毫無價值的舊玩具，卻可能是童童最珍惜的玩伴。童童因玩具損壞而陷入悲痛時，爸爸不但沒有給他安慰，反而不耐煩地喝斥，這對童童的心靈造成了更大的傷害，可能時隔多年，這道傷疤都會留在童童的記憶中難以消退。

當孩子因家長眼中的小事而傷心不已時，家長應認同並撫慰他們的情緒。人們在不同的年齡層所珍視的事物是不一樣的，孩子傷心難過的「小情緒」應該得到家長的尊重，只是有些家長很少意識到這一點。

有些家長總是在孩子傷心的時候，批評他們做作、優柔寡斷，這會讓孩子的內心充滿羞恥感，變得越來越脆弱。尊重孩子的情緒，才能真正地理解孩子、愛孩子。

孩子往往有著非常強的自尊心，特別是在公共場合或面對外人時。有些家長喜歡當著別人的面訓斥孩子，以為這樣會讓孩子謹記教訓。然而，結果恰恰相反，這種做法只會對孩子原本脆弱的心靈造成傷害。

孩子的自尊需要家長的維護和尊重。在孩子還小的時候，家長就應當重視對孩子自尊心和責任感的培養，這些品格是在潛移默化中慢慢形成的。家長可以透過鼓勵的方式，讓孩子在一件件小事上取得成功，鍛鍊孩子的能力，培養孩子的自尊心和責任感。

家長可以請求孩子幫忙處理一些家事，如果孩子做得不完美，也不要打擊孩子的信心和熱情。舉個簡單的例子，如果孩子自告奮勇去擦桌子，儘管擦得不夠乾淨，家長千萬別埋怨或嘲笑孩子，更不要拿起抹布當著孩子的面再重新擦一遍。只需溫柔地對孩子說：「如果這裡再擦一下就非常完美了」。這樣的做法既不會打擊到孩子的自尊心，也能讓孩子做家事的能力和熱情得到提升，培養孩子的責任感。尊重孩子的不完美，孩子反而會進步飛速。

家長在與孩子溝通的過程中，不要用「你這樣不行」或者「不聽父母言，吃虧在眼前」這樣的話語來否定孩子。不妨換個語氣，這樣告訴孩子：「我的看法是這樣的……你覺得呢？」「你的想法很好，但這一點可能需要改進……」「關於這件事，你有什麼看法……」等等，用建議代替命令，讓孩子感受到被尊重、被認可。

尊重孩子的想法和意願，能讓孩子變得越來越獨立。哪怕孩子的想法天真幼稚，也不要打擊他們。孩子若固執己見，家長不妨製造條件讓孩子親自去嘗試、去經歷，然後在孩子遭遇阻礙時送上建議、給予教育。這比一味地說教要有效果的多。

需要注意的是，尊重不是放任。有些家長一再對老師強調說：「我家孩子主意大、脾氣大，我們管不了，一切都拜託老師了。」他們口頭上說尊重孩子，不願意強迫孩子做任何事情，實際上卻是不負責任，不懂得合理地管教孩子，一味地聽之任之。等孩子出現問題後，他們又會將

第一章　讀懂孩子的心，是正確教養的前提

責任推給孩子老師或學校，自己卻撇得一乾二淨。

孩子為什麼需要監護人？這是因為孩子心智不成熟，很多事做不了主，也不應該做主。家長應在孩子面對困難想要逃避、放棄的時候，幫助他們堅持下去；在孩子踏上錯路的時候，及時拉他們回頭，而不是毫無原則地聽從孩子的意見，放任自流。

家長應該保護孩子的自尊心，尊重孩子的情緒和選擇，讓孩子的內心不斷強大，形成獨立的人格，堅強地面對未來道路中的風風雨雨。但是，尊重也要講原則，有底線。

信任是一種快樂，被信任是一種幸福

有一種教育觀念認為：人不需要被教育，但需要被「提醒」。面對孩子，家長的教育要從支持、鼓勵、信任的立場出發。正如陶行知所說：「教育孩子的全部祕密在於相信孩子和解放孩子。」家長不妨做孩子最可靠的朋友，在孩子需要的時候，給予孩子足夠的信任。

一位美國媽媽下班回家時，五歲的兒子正一邊吃零食一邊看電視。媽媽走進廚房，便皺起了眉頭，原來地上灑滿了芒果乾。媽媽第一時間喊來兒子：「這是怎麼回事？」兒子走進廚房看了一眼，聳聳肩道：「我也不清楚，我一直沒進廚房，只待在客廳看電視。」聽兒子這麼說，這位媽媽思忖了一會兒，微笑道：「那就好，媽媽只是問一下。」

媽媽繫上圍裙，將地上收拾乾淨後，便開始做晚餐。晚餐快要做好的時候，她突然聽到一聲貓叫。一隻小黃貓在廚房的角落裡探出了頭，這位媽媽看到這隻貓，立刻明白，牠才是將裝芒果乾的袋子碰掉在地的「元凶」……

國外曾做了一項調查，其中有一道令人印象深刻的題：「中小學生最喜歡父母的 10 種做法。」

結果顯示：「信任我」這一選項得到了 63.5% 的最高得票率。可見，孩子最渴望家長做的是給予自己足夠的信任感。然而，在生活中，很多家長在同孩子交流時，總會不自覺地用審犯人式的語氣：「你作業做好了嗎？真的做好了嗎？」「你現在跟誰在一起？正在做什麼？」「你讓我怎麼相信你呢？」等等。

很多家長在發現孩子闖禍以後，第一反應是氣急敗壞地責問：「你怎麼老是搗亂？」或者粗暴地打斷孩子的解釋，一味將罪狀強加在孩子身

第一章 讀懂孩子的心,是正確教養的前提

上。這種恐嚇式、轟炸式的教育會讓孩子變得越來越自閉,不敢向家長坦言自己的想法。

一位德國教育專家說:「假如父母能採取一種比較理智的方式來對待孩子,那麼從一開始就能避免兒童的許多謊話以及親子之間不必要的爭論。」她還說:「教育的方式越嚴,孩子越會採取遮遮掩掩的做法。」孩子一開始選擇謊言可能是害怕受到家長的斥責,或者不想辜負家長的期望。如果家長再三逼迫孩子坦白,孩子為了自圓其說可能會編出更多的瞎話。

如果家長能夠關切地注視著孩子的眼睛,耐心地詢問:「發生了什麼事?」一開始就能避免很多謊言和爭論。有時候,家長哪怕意識到孩子正在說謊,也要保持平靜的情緒,給予孩子充分的尊重和信任。家長可以用行動表明,孩子如果做錯了事情,只要勇敢地承擔責任,依然值得讚揚、鼓勵。這種發自內心的信任能夠杜絕一系列謊言。

美國心理學家沃克和吉布森做過一個「視崖實驗」。韓國某親子綜藝以此為背景做過一個節目,他們把玻璃板放在排列好的桌子上面,造成視覺懸崖的效果。之後,他們讓孩子和媽媽分別處於玻璃板的兩側,觀察孩子能否戰勝心中恐懼,爬過玻璃板來到媽媽身邊。

孩子原本想要爬過玻璃板,但一看到對面媽媽臉上的表情便退縮了。因為媽媽面無表情地看著他。孩子受到了打擊,立刻原地返回。

第二次其他因素不變,但這一次,媽媽全程張開雙臂,微笑著呼喚起孩子的名字。結果,孩子沒有一點猶豫就爬過了「懸崖」。

在這個節目中,媽媽的呼喚、笑容及堅定的眼神是孩子克服心中恐懼的最大力量。有了家長的信任,孩子的人生中便有了強大的「內驅力」。

> 信任是一種快樂，被信任是一種幸福

很多家長為了激勵孩子去做一些挑戰自我的事情，往往會採取一種「激將法」。比如說，某個爸爸總是對兒子冷嘲熱諷，孩子對自己也會充滿懷疑，哪怕遇到了一個不錯的機會也不敢主動抓住。

對孩子來說，如果連最親近的家長都不相信他們，他們的努力便失去了意義。家長老是用激將法刺激孩子，時間長了，孩子只會覺得家長根本不愛自己。這其實是一種殘忍的負面暗示及潛在的信任缺失，孩子的勇氣、信心在這一過程中被消磨殆盡。

在芬蘭人的家庭教育中，家長非常注重與孩子之間信任的互動。一位芬蘭教育顧問米卡・蒂若倫曾回憶說：「小時候，我的父母從來不會問我：『作業做完了嗎？』如果爸爸媽媽這樣問我，我會覺得有點受傷害。我不希望別人來干涉我的事情，我有能力自主學習。」

在孩子成長的過程中，家長應該給予孩子充分的信任，告訴孩子：「我相信你一定可以的」、「在我眼裡，你是最棒的」等。每一個孩子都擁有巨大的潛力，而家長的信任，能夠最大限度地激發出孩子的內在力量，讓孩子在面對挫折時信心和能力大大提升。

家長要讓信任進駐到孩子的內心深處，成為孩子成長路上的強大內驅力。因為信任是一種快樂，被人信任是一種幸福。

第一章　讀懂孩子的心，是正確教養的前提

學會用商量去替代命令

很多家長在要求孩子做一些事情的時候，時常會用命令的口吻，例如「你必須……」、「你做不完……別想……」、「你若是不……就對你……」等等，這很容易引起孩子的反向心理。教育專家陳鶴琴先生說：「孩子幼小的心靈極易受到挫傷，任何粗暴武斷的教育方式都是不合時宜的，只有用溫和的方式，才能走進孩子的心靈。」

哲哲一包接一包地吃著科學麵，到了正餐時間卻沒了胃口。

在一次吃午飯的時候，哲哲沒嘗幾口飯菜就放下了筷子，對媽媽撒嬌說：「肚子好痛，不想吃啦。」媽媽柔聲道：「吃飽了嗎？」

哲哲「嗯」了一聲，低下頭來。這時，媽媽不急不徐地說：「你現在不想吃也可以喲，但晚餐要到6點鐘呢。晚餐之前你不能吃零食了，可以嗎？」

哲哲小聲道：「那我要是吃完這碗飯呢？」

媽媽微笑道：「這當然好，吃飽了飯，下午你就不會想吃科學麵啦。」哲哲欲言又止，拿起碗筷又繼續吃飯了。

在這個故事中，面對哲哲因為吃過多的零食，而吃不下正餐的行為，媽媽沒有用憤怒的語氣，而是耐心地與哲哲溝通、商量，讓哲哲發自內心地意識到自己的錯誤，並加以改正。這樣的教育方式既避免了在午餐時間破壞良好的家庭氛圍，又讓孩子能夠自覺地改正錯誤，產生了良好的教育效果。

美國成功學家卡內基說過：「用『建議』，而不下『命令』，不但能維持對方的自尊，而且能使他樂於改正錯誤，並與你合作。」教育孩子也是如此，有些家長在拒絕孩子時，習慣於簡單粗暴地吼孩子：「去去去，

別煩我！」「大人說話小孩別插嘴！」經常用這種命令式的口吻「警告」孩子，孩子的自尊便會受到傷害，孩子甚至會認為自己對家長的讓步就是軟弱、不自主。在這種情況下，很多孩子會採取「唱反調」的方式：你讓我往東，我偏要往西。

家長應當做孩子的良師益友，千萬別將孩子當成下屬、士兵，將自己當成指揮者、操縱者。孩子的成長過程中一定少不了犯錯的經歷，家長要拋棄訓斥乃至體罰等粗暴的教育方式，改換成用溫和的口吻去與孩子商量，或給予建議，例如：「來，我們一起討論一下，我是這樣看的⋯⋯你說怎麼辦才好呢？」這樣的教育方式往往能收到預想之外的良效。

宣宣家最近準備裝修新房。爸爸計劃在宣宣的房間裡擺一張小床、一套桌椅，然後將整面牆都設定成書架的形式。

可是宣宣卻在一旁悶悶不樂，媽媽見了，便提醒爸爸道：「這是宣宣的房間，你不徵求一下他的意見嗎？」爸爸滿不在乎地說：「聽我的，實用最好。」

宣宣急忙說道：「可是我想把房間裝得漂亮一點，牆壁刷成深藍色，再配上彩色的窗簾，床頭擺一盞漂亮的檯燈⋯⋯」

爸爸皺著眉說：「弄得這樣花俏幹什麼⋯⋯」媽媽打斷他的話對宣宣說：「爸爸的意思是妳喜歡看書，有個大書架就能裝下很多書。再說了，實用簡潔也很酷啊。」

宣宣想了想，說：「爸爸的想法也不錯。」

家長要注意的是，凡是涉及孩子的事情，都不要用「發號施令」的方式和孩子溝通。家長要重視與孩子協商的過程，無論最後採不採納孩子的建議，都要與孩子詳細說明原因，避免忽視孩子的情緒。在民主氛圍中長大的孩子，也會漸漸養成民主協商的習慣，凡事都願意主動與家長進行溝通，因此親子關係便能達到理想狀態。

第一章　讀懂孩子的心，是正確教養的前提

然而，現實中有些家長雖然也徵求了孩子的意見，卻只是象徵性地詢問孩子，純粹是「走流程」而已，他們其實並不是真正關心孩子的要求。這種做法對孩子的傷害更大。

家長應當將孩子的反對意見聽進心裡，之後再耐心地為孩子分析利弊，告訴孩子做事的標準和原則。單純用禁止性、要求性的語句會讓孩子無法掌握行為的分寸，使得孩子在以後的生活中遇到問題時缺乏理性分析的能力，很難做出正確的抉擇。

對於孩子的某些不良習慣，家長應與孩子進行友好的協商、談判，與孩子一起制定一份規則，以約法三章的形式讓孩子遵守。不要總是想著給孩子一點教訓，因為制定規則是為了幫助孩子進行自我約束，而不是為了懲罰孩子。

孩子哭鬧耍賴時，不要只是站在一旁說賭氣話。當親子關係出現衝突時，更不要用家長的權威來壓制孩子，逼迫孩子贊同自己。家長應該給孩子一個發洩情緒、調整狀態的過程，等孩子平靜下來後，再慢慢向孩子解釋自己這樣做的想法和原因。

舉個例子，一個小男孩鬧著不想上學，爸爸命令他立即背起書包，收拾好了去學校。誰知孩子將書包扔到一旁，在沙發上打起滾來。後來，爸爸改變了方式，當孩子又嚷著不想上學時，爸爸表情平靜，耐心地幫孩子整理衣服，背起書包。孩子嘴裡雖然還在嘟囔，身體卻配合起爸爸的動作。出門上了車後，孩子再也不提不想上學的事了。一路上，爸爸溫和地和他說起了道理，孩子慢慢地理解了爸爸說的道理，也不再哭鬧著逃避上學了。

家長在教育孩子的過程中，要學會用商量的語氣和孩子溝通，嘗試著做孩子最好的朋友，這樣做可以讓親子關係達到和諧的狀態。

孩子應該有自己的交友圈

很多家長一談論起自己的童年生活便眉飛色舞，尤其是有關童年夥伴的話題，回憶起來更是如數家珍。成長的經歷告訴我們：孩子也應該有自己的交友圈。

六歲的壯壯是家裡的獨生子，平時媽媽讓他收拾玩具時，他都會耍賴。然而，自從壯壯在幼稚園裡認識了一位小朋友以後，情況便大不一樣了。

壯壯愛隨手扔東西的壞毛病徹底改過來了，還把自己的房間也整理得井然有序。原來，壯壯去這位小朋友家玩的時候，看到對方總是把東西擺放得整整齊齊，便下意識地模仿起來。

媽媽知道這件事後，經常鼓勵壯壯和這位小朋友多多來往。

正所謂「三人行，必有我師焉；擇其善者而從之，其不善者而改之」。孩子在與其他夥伴的交往中會不知不覺地去學習別人的優點，改掉自己的壞習慣。這跟家長透過社交關係提升自己的道理是一樣的，只是孩子們的學習模式比較簡單，僅限於初級的模仿罷了。

值得注意的是，由於孩子年紀太小，沒有形成自己的是非判斷，對於好壞的認知很模糊，無法辨識其他小朋友的行為是否正確。因此，如果孩子起了好奇心，好的行為他會學，壞的行為他同樣會模仿。這個時候就需要家長及時引導，並利用這個機會來培養孩子的是非觀念。讓孩子的社交能力隨著交友圈的擴大化、優質化而得到提升。

玩遊戲同樣可以提高孩子的社交能力。例如：孩子們喜歡玩角色扮演類的遊戲，透過「剪刀石頭布」這種簡單的民主方式來決定誰扮演「醫

第一章　讀懂孩子的心，是正確教養的前提

生」、「軍人」或「大壞蛋」……這使得孩子慢慢有了「少數服從多數」的民主思想。

孩子們一起競爭不同的角色，扮演不同的人物，模仿各種場景，這種「扮家家酒」遊戲能讓孩子們提前接觸不少社會上的知識。並且，角色扮演可以賦予孩子另一種角度，當孩子們之間發生爭吵時，能夠讓他們站在別人的位置上考慮問題，進而體會他人的感受。

孩子有了自己的交友圈，群體意識會逐漸增強，個體意識則慢慢淡化。不少孩子在家裡都是獨生子女，家長的呵護和寵愛容易使他們養成唯我獨尊的性格。在群體交往中，那些以自我為中心的孩子是最不受歡迎的。因為孩子很單純，不喜歡誰就不和誰一起玩。但合群也是一種難能可貴的特質，群體生活會幫助孩子逐漸認清自己性格，有助於克服性格中不好的一面。

在孩子結交朋友的過程中，孩子們之間發生矛盾是正常現象。很多家長特別擔心自己的孩子受委屈、被欺負，如果孩子與朋友發生了衝突，家長總想第一時間幫助自己的孩子「討回公道」。然而，家長的干預往往會讓一些小矛盾不斷地擴大化、嚴重化。

有一天，雷雷和好朋友豆豆發生了衝突。

雷雷在社區玩耍時，突然發現口袋裡的零用錢不見了，便焦急地找來找去。

忽然，雷雷看到豆豆手裡捏著幾枚硬幣去超商買棒棒糖，便脫口而出：「豆豆，你是不是撿到我的錢了？」豆豆生氣地說：「當然不是！」

雷雷認定那錢是自己的，跑上前將豆豆推倒在地，一把搶過了豆豆手裡的硬幣。豆豆哭著回家去找媽媽。

正當豆豆媽媽怒不可遏的時候，雷雷在媽媽的陪同下登門道歉。雷

> 孩子應該有自己的交友圈

雷媽溫言細語地解釋了很久,豆豆媽媽卻不買帳,不依不饒地挖苦雷雷沒教養,甚至要追究雷雷的責任。雷雷媽臉色也黑了下來,乾脆帶著雷雷回家了。

從那以後,豆豆和雷雷的關係徹底破裂了,見了面都當對方不存在。

其實孩子們之間的一些小矛盾來得快,去得也快,家長應當做孩子的協助者、引導者和支持者,教會孩子如何理智地平息矛盾,而不是將事情鬧大。

當孩子哭哭啼啼來找家長時,家長應避免問孩子「你怎麼又被欺負了?」、「怎麼都是你被打?」等等。這樣的詢問只會讓孩子在脆弱無助時受到更大的傷害,或激化孩子們之間的矛盾。家長應當耐心地了解事情的前因後果,在一般情況下,可以給出恰當的指導,讓孩子自己去解決。

孩子們之間的友誼在大人看來或許幼稚,但同樣值得被尊重。孩子們認真地交朋友,努力建立屬於自己的人際關係,家長應該給予鼓勵,而不是戴著「有色眼鏡」去看待他們的友誼:這個孩子成績怎麼樣?家庭背景如何?家裡大人性格怎麼樣?

孩子也有一定的思考能力,只需要給予正確的引導即可。家長應帶著欣賞的態度去支持孩子擴大自己的交友圈,對孩子們的友誼給予尊重,這也是對孩子人際關係的一種鍛鍊。

要想幫助孩子建立自己的交友圈,家長可以為孩子創造接觸同儕的機會。比如說,節日期間與親戚、朋友約好,帶孩子一起出遊,讓孩子在旅行中了解彼此、加深感情。

平時多鼓勵孩子參加學校的集體活動,當孩子帶朋友來家裡玩時,

第一章　讀懂孩子的心，是正確教養的前提

要表現出熱情、歡迎的態度。家長們還可以成為朋友，家長之間的來往，對孩子們的友誼能產生一種促進作用。

交朋友是一個非常愉快的體驗，在群體裡長大的孩子，做事能夠考慮得更加全面，合作意識更強，有集體感，為他人著想。所以說，家長應該鼓勵孩子建立屬於自己的交友圈。

暗示的可怕力量

家長雖然都很愛孩子，希望孩子能成長得更好，但大部分家長總會在不知不覺間給孩子設立一個外部形象，或在不經意間給孩子施加負面的心理暗示。慢慢地，孩子接受了這種「角色設定」，再也無力去改變。

一天，媽媽讓小美幫忙去旁邊的雜貨店買瓶醬油。小美拿過錢蹦蹦跳跳地出去了。當小美買回醬油時，媽媽已經等得不耐煩了：「讓妳去買瓶醬油都這麼慢，那其他事情還怎麼敢指望妳！」小美很傷心，默默地回了自己的房間。

晚飯後，媽媽又讓小美去書櫃找一本書，小美翻來覆去找了很久，不確定是哪一本。正找著，媽媽抱怨道：「怎麼找這麼久，妳的小腦袋瓜也太笨了。」小美很沮喪，待在一旁默不作聲。

後來，小美做事越來越不積極，成績也逐漸下滑……

每一個孩子都是一棵幼苗，積極的心理暗示好比「陽光和肥料」，而不良的心理暗示卻是「暴風驟雨」，前者給得越多，孩子越能茁壯成長，而後者只會摧毀孩子的前途。

有些家長說起自家孩子，翻來覆去就是這麼幾句話：「他天生膽小，一打雷就要躲起來」、「她吃飯就是挑食，從小就這樣」、「我家孩子像她媽，腦子笨、性子直」……殊不知「說者無意，聽者有心」，長年累月生活在這樣的評價中，漸漸地孩子也會接受這種設定，生活習慣和性格特徵也會越來越趨向於家長所描述的模樣。所以，千萬別忽視這種日常的心理暗示，它能夠帶給孩子毀滅性的打擊。

家長想要幫助孩子改掉那些小毛病，不妨換一種表達方式。比如

第一章　讀懂孩子的心，是正確教養的前提

說，將孩子的「笨」、「EQ 低」、「膽小」歸結為孩子「還沒準備好」。讓孩子明白，他需要更多時間和機會去歷練。這其實是一種積極的心理暗示，會讓孩子對未來躍躍欲試，「等我準備好就可以的！」

「比馬龍效應」是心理學中的一項重要理論。它告訴我們：讚美、信任和期待帶著無與倫比的魔力，它能改變人的行為。家長一定要學會正確地對孩子進行心理暗示。

曉璇無論做什麼事都會習慣性地說一句：「我不會。」

早上起床穿襪子，她可憐巴巴地對媽媽說：「我不會。」媽媽讓她將衣服釦子扣上，曉璇嘟囔著：「我不會。」而不去行動。

有一次，媽媽鼓勵曉璇說：「孩子，妳不是不會，是還沒學會，現在學了就會了呀。」說著，媽媽脫下自己的外套，一個步驟一個步驟地教曉璇穿衣服。曉璇學著媽媽的樣子，花了好幾分鐘才穿好外套。媽媽喜形於色，摸著她的小腦袋說：「曉璇真聰明，學得真快！」

從那以後，曉璇穿衣服越來越熟練，讓曉璇起床穿衣對媽媽來說再也不是個頭痛的問題了。

媽媽用鼓勵和期待的方式，讓曉璇從「我不會」到慢慢地將事情做得熟練。在其他事情上，也有利於讓曉璇充滿自信，生活中那些不會的事情，只是還沒有學而已，學了就會了。

家長對孩子採用的暗示性的語言要足夠含蓄、委婉、不帶目的性。蘇霍姆林斯基曾說：「任何一種教育現象，孩子在其中越少感覺到教育者的意圖，他的教育效果就越大。」例如：孩子做事虎頭蛇尾，與其對他批評、指責，不妨對他說：「這次做得比上次好多啦，進步很大喲。」

除了語言，家長還可以運用表情或身體動作去暗示。眼神是一種無聲的語言，有時候它比語言更細膩，而面部表情也可以傳達出很多資

訊。當孩子做了好事，或者勇敢地戰勝了困難時，朝他點點頭，衝他會心一笑，都是很好的激勵方式。

再比如：向孩子比「V」的手勢，豎起勝利的大拇指，輕柔地撫摩孩子的頭，拍拍孩子的肩膀，拉著孩子的小手，給孩子一個擁抱等都可以傳達出一種鼓勵的力量。

成長環境在孩子性格養成中是至關重要的因素。家長可以用自己的行為向孩子做出良好示範，同時為孩子塑造溫馨、積極的家庭氛圍，幫助孩子養成自信、陽光的性格。

家長還要有意識地引導孩子多進行積極的自我暗示。比如說，在孩子對自己能力產生懷疑的時候，打斷孩子那些「喪氣」的話，告訴孩子不要愁眉苦臉，鼓勵孩子多多微笑、抬頭挺胸、眼神堅定，並在心裡保持著這樣的信念：「我一定可以的！」

根據調查，接近 90% 的成功者，在幼年時期都曾有被家長的積極暗示所「拯救」的經歷。家長一味地說道理也許並不能讓孩子理解，運用迂迴的暗示法往往卻能給孩子強大的力量，讓親子關係更融洽。

心理暗示的力量是巨大的，家長應少給孩子一些批評責怪，多給孩子一些積極向上的心理暗示，這樣才能在不久的未來培養出一個優秀的孩子。

第一章　讀懂孩子的心，是正確教養的前提

優秀的父母都善用同理心

很多家長時常抱怨孩子越來越不聽話，似乎越長大表現出來的問題就越多。為什麼會這樣呢？這是因為，隨著孩子長大，家長將更多的注意力放在了孩子的行為上，很容易忽略孩子的內心想法。然而，在親子關係融洽的家庭中，家長都懂得運用同理心去和孩子溝通，關注孩子的內心世界。

磊磊悶悶不樂地從幼稚園回到家中，嘴裡嚷嚷著再也不想去上學了。媽媽沒有責備磊磊，她將磊磊叫到身邊，輕輕地摟在懷裡，撫摩著磊磊的小腦袋，輕聲詢問：「為什麼在幼稚園不開心呢，能跟媽媽說說嗎？」

磊磊訴說著自己的委屈，媽媽靜靜聆聽，不時用手輕拍磊磊的肩膀。慢慢地，磊磊情緒恢復了平靜。半小時後，磊磊一抹眼淚，臉上又泛起了笑容。他掙脫媽媽的懷抱，如往常一樣打開電視看起卡通來。

第二天，磊磊背著書包開開心心地上學去了，早已忘記了前一天的不快。

磊磊媽媽用溫暖的懷抱、輕拍肩膀的慰藉，拉近了與磊磊之間的距離。這就是用同理心與孩子溝通。一旦孩子產生被理解和接納的感覺，溫暖油然而生，陰霾消散殆盡，心態就會變得越來越積極。

研究證明：有同理心的家長，他們的孩子未來得憂鬱症的機率會更低。這是因為孩子內心深處最細微的情感都能被家長理解，他們成長過程中的煩惱也容易被家長發現，因此親子之間的關係變得透明、和諧。家長的善解人意會讓孩子越來越喜歡傾訴與分享，心裡沒有陰霾。

> 優秀的父母都善用同理心

有同理心的家長哪怕不認同孩子的觀點，也不會隨意加以評論，更不會攻擊孩子的人格和自尊。他們將孩子視為獨立的個體，從不以自己的評判標準去要求孩子。

有同理心的家長會及時與孩子交流溝通，幫助孩子盡快脫離負面情緒。他們會告訴孩子這樣的道理：用愛來接納、包容身邊的人，但必要的時候憤怒也是可以的，學會自我保護也是一件很重要的事情。

電影《奇蹟男孩》的主角是天生有著面部缺陷的小男孩奧吉。五年級時，奧吉終於有機會進入學校讀書，卻因為長相受到同學們的嘲笑和欺負。

當他傷心的時候，媽媽溫言道：「身處不喜歡的地方，不妨想像自己喜歡的地方場景。雖然不容易，但你要理解別人的不懂事，大度一些好嗎？」

「你可能感覺孤獨，但事實不是。我們始終與你站在一起。」爸爸悄悄提醒道，「如果被欺負，就欺負回去。」

在父母的教導下，奧吉變得自信起來。後來，他在朋友面前毫無掩飾地說：「這就是整容後的模樣，我可是拚了命才這麼帥的。」

家長若缺乏同理心，就會對孩子做出的努力視而不見，並習慣性地否定孩子的想法，貶低孩子的主張，懷疑孩子的感受。久而久之，孩子也變得自私、冷漠起來。他開始不理解家長，也不關心周圍的人。生活中這樣的場景比比皆是：孩子在別人遇到困難時冷嘲熱諷，再小的事也不伸手幫忙；孩子在家長購物時撒嬌耍賴，不理解家長的難處……

心理學家研究發現：同理心低的孩子，很難控制情緒，容易有攻擊性行為，進而影響人際關係。那麼，家長該如何培養孩子的同理心呢？可參考以下建議：

第一章　讀懂孩子的心，是正確教養的前提

◆ 辨識孩子的情感

孩子的童言稚語中往往潛藏著深意，家長要從孩子的言行舉止中找出蛛絲馬跡，辨識孩子的真實情感。例如，孩子說：「聽同學說，動物園裡的河馬長得很奇怪。」他其實是想讓家長帶他去看河馬。在細心體察孩子情感的過程中，家長其實也是在培養孩子對自己的信任。等孩子發現家長能夠理解自己的小心思時，就能夠慢慢地將心理話都直接表達出來。

◆ 用「每日情緒」等小練習幫助孩子認識自己的情緒

將畫著各種情緒的人物小卡片貼在家裡顯眼的地方，比如說：生氣、難過、開心、失望、困惑等，然後和孩子一起做練習。例如：在孩子因要求得到滿足後露出笑容時，帶孩子照照鏡子，看看自己的表情對應著小卡片中人物的哪一種情緒，了解到自己的這種情緒叫做開心。這些小練習能讓孩子理解自己的感受，慢慢學會用準確的方式表達情緒。而對自己情緒有深刻理解的孩子，往往也能更細心地體察到他人的感受。

◆ 教孩子用一些短語來表達同理心

比如：「那太糟糕了」、「你還好嗎」、「是什麼讓你這麼心煩」等。同時告訴孩子，表達關心話語的時候要注意面部表情和肢體動作的配合，如搭配上點頭、沉思、嗟嘆、失望的表情等。平日裡不妨多帶孩子在鏡子前做練習。這一過程是在培養孩子健康的社交行為。

◆ 發現孩子搞「小團體」時要及時教育

尤其是在國小時期，孩子喜歡分「圈內人」和「圈外人」。家長要教導孩子去包容和接納不同的人，平時多帶孩子出去走走，讓孩子認識到周邊世界的豐富多元。

> 優秀的父母都善用同理心

　　家長善用同理心去對待孩子,孩子也能夠學會用同理心理解父母、對待他人,不會再出現無理取鬧的行為。同理心強的孩子更能體會他人的情緒、立場,並能和諧地處理人際關係,成長過程中也會獲得周圍人的喜愛和支持,表現出的積極特質就越來越突出。

第一章　讀懂孩子的心，是正確教養的前提

你越禁止，孩子越想要做

家長是不是有過這樣的經歷：給孩子規定好睡覺時間，孩子卻越接近睡覺的時間越興奮，鬧著不想躺下；在打電話的時候，命令孩子不要發出聲音，可是孩子吵鬧得卻越發厲害；做飯的時候不讓孩子進廚房，讓他不要動切好的菜，結果孩子在廚房玩得更加起勁，把東西弄得一團糟……為什麼會這樣呢？

其實這跟家長的教育方法息息相關。家長越是在孩子的世界裡費力去做一個控制者，禁止孩子做這做那，孩子就越想要朝著反方向行動。要怎樣才能有效禁止孩子的這種行為呢？

靈靈很愛吃果凍，媽媽怕靈靈吃過多的零食會影響正常飲食，所以每天控制靈靈吃果凍的數量，禁止她擅自拿果凍吃。

靈靈每隔一會兒就可憐巴巴地跑過來問：「媽媽，我想吃一顆果凍。」媽媽嚴厲拒絕。然而，沒過多久，媽媽發現靈靈總是偷偷拿果凍吃。一袋果凍沒過多久就被靈靈吃完了。

媽媽心想，總這樣下去也不是辦法，便和靈靈商量說：「媽媽知道妳喜歡吃果凍，但是果凍吃多了不好。這樣吧，以後果凍交給妳自己保管，妳想一天吃幾顆？」

靈靈想了想說：「兩顆。」媽媽很開心，拿來一包果凍，說：「那我們數一數。」數完後靈靈說：「一共有30顆，可以吃15天。」媽媽很開心，親了親靈靈說：「真聰明，吃完了媽媽再買一包給妳。」

過了幾天，媽媽發現靈靈真的沒有多吃果凍。

媽媽不再扮演監督者和控制者的角色，而是選擇信任靈靈。靈靈有了自我管理的權利，內心深處的自制力隨之被喚醒，便會開始自覺地對

自己的行為加以控制，撒謊和耍賴的行為也漸漸減少。

當家長在內心焦慮的作用下對孩子發出禁止時，反而會促使事件向反方向發展。很多家長總認為發出禁止一定能發揮作用，即使一次次無效，他們也只會質疑「這孩子是怎麼回事呀」，卻沒有意識到問題正出在這種粗暴的教育方式上。

孩子生性單純率真、有著強烈的好奇心，當家長一再用限制性話語來控制孩子的時候，很可能會更加激起孩子的好奇心，讓他們不顧後果，就是想嘗試違背家長的感覺，覺得越是被禁止的事情越是有趣，因此產生了錯誤的觀念及錯誤的行為目的。

爸爸新買了一支價格昂貴的手機，拿回家後就嚴肅地告訴家裡兩歲多的小寶寶不要碰新手機。誰知，小寶寶聽完後，放下手裡的玩具，目不轉睛地看著爸爸玩新手機。趁著爸爸不注意，小寶寶捧著手機，胡亂地摸著螢幕，隨後又放到嘴裡啃起來。等爸爸回來見到這一幕，皺著眉頭喊道：「給我放下，不准用丟的！」話音剛落，小寶寶卻突然鬆手，手機掉在地面，螢幕被摔出了裂痕。爸爸很心疼，小寶寶卻笑得很開心。

孩子和家長「唱反調」的行為背後，是心中自我認知意識正在萌芽。調皮搗蛋是為了引起家長的注意，這讓孩子產生歸屬感和價值感；不聽從管教是為了獲得和家長一樣發號施令的權利；受到否認便大喊大叫，並伺機「報復」家長，想讓他們也感受到同樣的傷害；或者失落、沮喪，選擇放棄反抗，打心眼裡認為自己不夠格。

如果家長一味禁止，卻不去了解孩子行為背後的心理動機，也不去向孩子訴說自己的心意，只會得到孩子叛逆的表現。家長要做的不是禁止，而是科學地引導，具體方法可參考以下意見：

第一章　讀懂孩子的心，是正確教養的前提

◆ 和孩子一起提前制定「規則」

孩子沉迷電視、電腦、手機或其他電子產品，長久以來都是困擾家長們的難題。家長想要讓孩子少看電視，不玩手機，不妨提前幫孩子甄選節目，定好時間。兩歲多的寶寶每次最多只能看 10 分鐘的卡通。等孩子漸漸長大，可陪孩子一起觀看趣味紀錄片、動畫電影，適當延長觀看時間。孩子有了選擇權，就會考慮什麼時間看，看哪個節目，看多久的問題。

◆ 反其道而行之，鼓勵孩子嘗試

在確保安全的前提下，孩子想做什麼就放手讓他去做，當他親身體驗了「苦果」，自然會將家長的話聽進心裡。如果孩子做的是碰觸電門等不安全行為，當然要第一時間制止，事後蒐集相關文字、影視化資料和孩子一起觀看，讓孩子深刻地了解後果。

◆ 用禁止把希望孩子進行的活動變成福利

爸爸為樂樂訂購了一套兒童英語的教育課程。他的本意是為了激發樂樂學英語的興趣。奇怪的是，爸爸規定樂樂每天學習英語的時間有限，禁止樂樂超過設定時間，並告訴樂樂：「這是完成大人要求後才能得到的福利。」之後，樂樂每天都想方設法得到這個福利，學習興趣越發高漲。

對於一個好奇心強的孩子而言，適當地採用「禁止法」去引導孩子反倒不失為一種好方法。

在日常生活中，家長經常用「不准」、「不行」這樣的禁止詞去打擊孩子，反而是在「培育」孩子的叛逆心理。不妨換一種方式，用更多的激勵來給孩子自信的力量，幫助孩子改掉壞毛病，塑造完美人格。

有安全感的孩子，一生都幸福

孩子在家活潑開朗，出門卻脆弱黏人；孩子對某些聲音表現得極其害怕，如打雷、吸塵器的噪音；孩子一定需要大人陪伴，不願意一個人待著……當孩子出現這種種表現時，家長一定要特別重視孩子的安全感培養。

幼稚園門口站著一個小男孩，抱著媽媽的大腿哭得撕心裂肺。

旁邊家長評論道：「這個小男孩太嬌氣了，都開學快一個月了，他怎麼還沒適應？」

這時小男孩的媽媽有些羞愧，孩子的哭聲攪得她越來越不耐煩。於是媽媽將小男孩的手臂甩開：「哭什麼哭，再哭媽媽就不來接你放學了！」

結果小男孩哭得更厲害了。

面對小男孩的哭鬧，媽媽束手無措，只能言語威脅。但是，在小男孩看來，媽媽似乎真的想拋棄他。於是，每一次去幼稚園，都意味著一次被拋棄的經歷。

可見，家長不經意間的言語暴力，是對孩子安全感的一種剝奪。生活中的大部分家長都沒有意識到這一點。

安全感是一種對可能傷害到自己身體和心理的風險預感。孩子童年時期是否擁有足夠的安全感，關乎著他這一生的幸福潛意識趨向，同時也影響到孩子今後人格的形成與完善。正如著名心理學家馬斯洛所言：「安全感是決定心理健康的最重要的因素，可以被看作是心理健康的同義詞。」有安全感的人，更容易被人喜歡、接受，也更容易在群體裡找到歸屬。

安全感不足展現在這三個方面：社交恐懼、嚴重缺乏自信心、信任

第一章　讀懂孩子的心，是正確教養的前提

缺失。沒安全感的孩子要麼異常黏人，要麼獨斷專行；要麼逃避怯懦，要麼膽大妄為。這樣的孩子面對不同的意見總是表現得執拗、叛逆，輕易無法接受失敗。

安全感是生命的底色，深深影響著每個人的生活狀態。安全感滿滿的孩子，習慣於用平等的姿態跟家長對話，能更自在地表達情緒，成長為自信快樂的人。他們認真專注地經營著人生，不會把精力和時間浪費在尋求安全感上。他們內心堅信：「我是被愛的，我的存在有著獨一無二的價值，我不畏懼困難，因為我相信自己的判斷。我可以做我自己！」

既然安全感如此重要，家長要如何做，才能培養孩子的安全感呢？對於不同階段的孩子培養安全感，家長可以參考以下意見：

◆ 0～12個月：創造井然有序的生活節奏

對於這一階段的寶寶而言，最重要的人是母親。母親最好經常抱著寶寶，輕柔地和孩子說話，這會給孩子帶來莫大的安全感。同時，確保生活節奏井然有序，人際關係溫馨和諧。

◆ 1～3歲：滿足孩子的自主權

這個年齡層的孩子總是懷著強烈的好奇心，試圖探索外界。家長要給予足夠的耐心和陪伴，不要動輒喝斥、責備。為了培養孩子的自信，家長應盡量滿足孩子的需求，尊重其選擇。

◆ 3～6歲：以傾聽為主

這個年齡層的孩子大多上了幼稚園。孩子接觸到了外面的世界，開始希望家長能在自己遭遇困難時無條件地站在自己身邊。同時，他們渴望擁有更多的個人空間和時間。家長該做的是觀察孩子的變化，傾聽孩子的心聲，隨時送上鼓勵。

◆ 6～10 歲：建立共情

對於這一階段的孩子而言，家長不再是唯一的鏡子和方向標。孩子必須在人際關係中找準自己的位置，家長的過分保護或放手，都會讓孩子對社會生活產生畏懼感。家長應該關注孩子的情緒，與孩子建立共情，而不是忽視和打擊。

◆ 10～13 歲：分配給孩子一些家庭工作

這一階段的孩子進入青春期，他們對家長的批評保持警惕之心，又迫切地想踐行自己的自主性。家長可將一些家庭工作交給孩子來執行，培養孩子的責任心。因為在這一階段，孩子的安全感與自立自強特質的塑造息息相關。

對於孩子而言，安全感是身體、情緒、認知發展的基礎，家長給予孩子足夠的安全感，它會變成孩子一生幸福的寶藏。家長要為孩子創造健康的成長環境，盡可能地多給孩子高品質的陪伴，更要學會欣賞孩子，成為孩子最信任的朋友。

第一章　讀懂孩子的心，是正確教養的前提

不要嘲笑孩子的「小問題」

「媽媽，為什麼小鳥會飛？為什麼人要吃飯？」孩子在某一時期特別喜歡問一些聽起來幼稚但卻難以回答的問題。這其實是孩子認識世界、表達情感的開始，也是孩子與家長溝通的重要橋梁。家長如果對孩子的問題報以輕視或嘲笑的態度，會使孩子喪失發問的意願。

婉婉的阿姨剛剛生了一個小寶寶，親朋好友前去探望時，都不斷稱讚道：「太可愛了！小傢伙長得真好看。」見大家都把注意力集中在嬰兒身上，婉婉有點不開心。

婉婉問道：「媽媽，如果婉婉變小了，是不是會重新變回嬰兒？」媽媽想了想說：「每個人剛出生的時候都是嬰兒。慢慢地，嬰兒長大了，就變成大人了。」婉婉有點失落：「真沒意思。」

媽媽卻笑著說：「婉婉雖然是個大孩子，卻能夠享受到嬰兒無法想像的樂趣。你想想，嬰兒能和其他小朋友一起玩老鷹抓小雞嗎？能去逛街買冰淇淋和玩具嗎？這是不是也很棒呢？」

「對啊！」婉婉高興地點點頭。

婉婉問出稀奇古怪的問題，是希望受到同等的待遇。婉婉媽媽對婉婉的感受體察得細緻入微，所以在回答孩子問題的時候更具針對性。

然而，大多數家長很難注意到孩子提問的意圖。有的家長在回答孩子問題時敷衍了事，或單純地將與孩子對話看成是一件幼稚的事情；有的家長會因為孩子問到了所謂「有傷大雅」的問題而面露不悅，出言制止⋯⋯在這樣的環境中，孩子容易變得越來越沉默，漸漸失去提問的興趣。

漠視、迴避孩子的問題會使孩子的情緒不安定，更會對孩子的智力

發育造成損傷。因為處於發問期的幼兒是智力發展的關鍵時期，親子之間溝通不暢，會給孩子的個性蒙上陰影。

重視孩子的小問題，積極引導孩子思考，能培養孩子的邏輯思維。家長要真誠地表露出對孩子想法的讚許，掌握住語言這項人與人之間溝通最重要的工具。這能提高孩子的創造性、激發其好奇心，也能夠進一步打造融洽的親子關係。

如果家長的回答無法讓孩子信服，不妨認真地告訴孩子：「我馬上去查一查相關資料。」家長的鄭重其事能提升孩子的信心，孩子受到激勵，越發覺得自己提出的問題十分有價值。

面對孩子的問題，最恰當的回答祕訣，是綜合之後再做說明。家長可以藉機向孩子科普常識，加強孩子對世界的認知。

優優目不轉睛地看著電視，突然問媽媽：「主持人一下子說萬物復甦的春天，一下子說綠色的春天，一會兒說鮮花綻放的春天……到底哪一個才是真正的春天呢？」

媽媽笑著說：「春天不像夏天酷熱，也不像冬天寒冷，因為氣候溫暖舒適，所以萬物復甦、百花綻放、一片新綠。其實呀，這些都是春天的特色。」

優優若有所思，媽媽想了想，又說：「一年分為四季，春、夏、秋、冬。春天時陽光明媚，我們穿薄衫，暖和；夏天時天氣炎熱，所以大家都喜歡吃冷飲；秋天時好多水果、糧食都成熟了，但樹上卻飄下了落葉；到了冬天，大風颳起來了，到處都在下雪、結冰。冬天過去之後，春天又來了。於是新的一年開始了。」

聽完媽媽的解釋，優優感嘆著大自然的神奇，對研究四季的不同特色更感興趣了，還讓媽媽幫她找一些關於季節知識的書來看。

第一章 讀懂孩子的心,是正確教養的前提

關注孩子的「小問題」,能夠激發孩子的求知欲、提高孩子對周圍環境的觀察力、培養孩子的專注力和想像力。那麼家長在回答孩子的問題時有哪些需要注意的地方呢?

◆ 回應要及時

孩子情緒轉變短暫而強烈,這是孩子的特性。當家長回答:「等一下再說」時,孩子卻早已忘了之前的問題。如果這種情況經常發生,孩子會認為自己的問題在家長心裡沒有價值,產生「問也是白問,反正得不到答案」的消極印象。孩子慢慢地不再願意表達自己的想法和感受,時間長了,就會對身邊的事物變得麻木。

◆ 為了讓孩子理解,不妨採取擬人化回答

孩子受年齡限制,一些科學問題的答案對他來說還很難理解。家長若直接說:「你太小了,跟你說了你也聽不懂。」孩子難免會受到打擊。

這時候,不妨採取擬人化的暖心回答。舉個例子:一個小男孩問媽媽,「為什麼月亮老是跟在我後面啊?」媽媽說,「那是因為月亮喜歡你啊!」

◆ 針對某一類問題,給予對生活有幫助的回答

當孩子問「什麼是綁架?」、「為什麼有小偷?」這一類問題時,家長的回答既不能讓孩子過分擔心、產生恐懼,也不能含糊其事。家長應該清晰明白地告訴孩子,為了避免危險必須要注意的一些事情,培養孩子的自我保護意識。

比如說,當孩子問:「汽車是不是很可怕?」不要為了嚇唬孩子而列舉車禍的種種慘況。可以告訴孩子:「走路要走人行道,記住不要突然跑

到馬路上⋯⋯」向孩子科普走路時的注意事項,這種回答才有意義。

孩子的心靈是脆弱的,需要家長的呵護和關愛。小小的他們思維跳脫,總能問出很多稀奇古怪的問題。家長千萬不要嘲笑、冷漠地對待孩子,更不能以隨意的態度去抹殺孩子旺盛的好奇心。耐心地加以引導,會讓孩子更加出眾。

第一章　讀懂孩子的心，是正確教養的前提

第二章
孩子未來的成功，
最終拚的是人品教養

第二章　孩子未來的成功，最終拚的是人品教養

懂得尊重他人，才能獲得他人的尊重

尊重他人，不僅僅是尊重自己的父母親友，更表現在對素不相識的人同樣以禮相待。孔子云：「不學禮，無以立。」「有禮則安，無禮則危，故不學禮則無以立身。」社會才是檢驗孩子品學的真實課堂，如果孩子對陌生人都彬彬有禮，尊重相待，那他必然是一個有教養的好孩子。

爸爸媽媽帶著濤濤搭車出遊。後排靠窗的一個年輕女孩拉下遮陽窗簾，閉目休息。濤濤站在座位上，用手拉扯著窗簾，看著窗外不停地喊叫。

後排的女孩忍不住站起來，對濤濤媽媽說：「太陽太刺眼了，麻煩您提醒下孩子別玩窗簾了，可以嗎？而且我太睏了，能讓孩子保持安靜嗎？」

濤濤很不服氣：「車子又不是妳家的，我就想看看窗外的風景，我還想大聲唱歌呢！」

「就是說啊，我們家孩子也買了票，憑什麼就得給妳方便啊！」她轉頭對女孩說，「小孩子家坐車無聊，就想看看風景，妳不能體諒一下嗎？」

女孩無奈地搖搖頭……

濤濤只顧著自己開心，對別人的請求絲毫不體諒，可悲的是家長還認為他言之有理，一味維護，讓他失去了人生修養中最為重要的品格：尊重。

愛默生說：「良好的禮貌是由微小的犧牲組成。」對他人的尊重，有時需要委屈自己。尤其是對素不相識的人也能給予尊重最為不易。

> 懂得尊重他人，才能獲得他人的尊重

一張名為〈穿越百年的鞠躬〉的照片，曾感動了無數人。

這是100多年前，在中國浙江杭州發生的故事：一老一小面對面站著，他們雙手作揖，互相行禮。

老者戴著帽子，一身西式裝扮，腰彎成90度。他對面的小孩看上去才四五歲的樣子，穿著長衫馬甲。這位老者是浙江大學醫學院附屬第三醫院前身廣濟醫院的院長，英國醫生梅藤更。

據說當時梅醫生正在查房，這位小患者彬彬有禮地向梅醫生鞠躬，梅醫生深受感動，且他深諳傳統禮數，便也深深鞠躬回禮。

於是，就有了這張經典的照片。

尊重他人，是人際交往中最基礎的禮儀修養，是孩子優質品德培養的前提。有些家長認為孩子不尊重別人的行為，都是來源於社會的不良影響。現代社會資訊發達，孩子透過多個途徑接觸到各式各樣的資訊，他們的年紀太小，對好壞觀念的分辨能力太弱，難以篩選出有用的資訊。這些資訊實際上對孩子們的行為無法產生太大影響，即使孩子有錯誤認知，只要家長及時糾正，他們就會意識到錯誤。

孩子如果不自覺地做出不尊重別人的行為，主要還是因為家長的教育失當。「父母是孩子的第一任老師」，家長在生活中可能不夠尊重別人，導致孩子對家長的行為進行了模仿。比如不尊重長輩、以嘲笑別人的缺陷為樂等等，就容易讓孩子以為這種行為都是沒問題的、尊重並不是必要的。

如果家長給予孩子太多的自由，完全不對他們的行為加以限制。這樣的教育態度，就會讓孩子的性格出現「霸道」的一面，不顧及他人的感受，做事只想到要滿足自己。還有些家長過度保護孩子，甚至告訴孩子「幼稚園老師對你不好就告訴我，我去找他」，間接導致孩子連老師都不尊

第二章 孩子未來的成功，最終拚的是人品教養

重。試想，一個連老師都不尊重的孩子又怎麼會尊重同學、尊重他人呢？

要想讓孩子在社交時尊重他人，家長首先應該做到尊重孩子。如果家長對孩子不表現出尊重的態度，一方面孩子會覺得自尊受到踐踏，另一方面也會有樣學樣地去對待別人。

家長在教育中應該引導孩子在以下幾個方面學會尊重他人：

◆ **態度上尊重他人**

理解他人的難處，用平等的態度對待所有人，能夠包容他人的不同等。

◆ **行為上尊重他人**

他人講話、發言時，要注意傾聽，不要隨意打斷或插話；和別人的約定要守時，上課不要遲到；和同學互動時，不要替人取不雅綽號，不能以嘲笑別人為樂等等。

◆ **尊重他人的勞動成果**

孩子經常出現倒掉剩飯、亂扔瓜皮、紙屑的行為，都是不好的表現。家長應讓孩子適當地參與勞動，當他體會到勞動的辛苦時，才會尊重他人的勞動成果。

◆ **尊重他人的意願**

當自己的想法和別人發生衝突的時候，不要強行將自己的想法強加到別人的身上，「己所不欲，勿施於人」，要學會尊重他人的意願。

每個孩子都有一顆純淨的心靈，如同一片空地，種下什麼樣的種子就會結出什麼樣的果實。家長要從小在孩子心中播下愛的種子，心中充滿愛的孩子，才會用心去體諒別人，尊重別人。

教孩子善良是父母最大的遠見

　　亞馬遜創始人貝佐斯說：「聰明是一種天賦，而善良是一種選擇。天賦得來很容易──畢竟它們與生俱來，而選擇則頗為不易。如果一不小心，你可能被天賦所誘惑，這可能會損害到你做出的選擇。善良比聰明難，選擇比天賦更重要。」追隨心中的熱情，堅守善良的選擇，才能發揮好我們的能力，塑造精采人生。家長給予孩子一顆善良之心，其實是在讓孩子對生活滿懷期待並且熱愛這個世界的美好。

　　世界上最珍貴的莫過於臉上自信的微笑和長在心底的善良。一個善良的人，不論走到哪裡，都會發出耀眼的光芒。有的家長卻對此不以為然，在他們看來，孩子的善良除了被欺負、受騙，似乎沒有什麼實際的回報。其實不然，善良是長期的回報。

　　桃桃有個同學叫豆豆。豆豆因為患有小兒麻痺症，走起路來一瘸一拐。班上有些頑劣的同學都嘲笑豆豆，叫她「小掰咖」，有的甚至跟在後面學她走路。

　　桃桃對此憤憤不平，放學回家對媽媽說：「他們真是太氣人了，一邊學豆豆走路一邊叫她『小掰咖』，老是阻止我跟豆豆玩，要我加入他們的小團體，我才不願意呢！豆豆膽子很小的，現在被他們嘲笑、欺負，心裡肯定更難受，我不可能不理她！」

　　媽媽對桃桃的做法大加讚賞。後來，桃桃和豆豆成了最親密的朋友。

　　有一次，一些同學聚在一起商量著怎麼捉弄豆豆，被桃桃聽到後，她站起來大聲說：「誰要是欺負豆豆，就是跟我過不去，你們若是不服氣，就衝我來！」說著，桃桃勇敢地舉起了自己的拳頭。那些同學看到桃桃憤怒的表情，就都跑開了。

第二章　孩子未來的成功，最終拚的是人品教養

其他同學都很佩服桃桃的善良和勇氣。大家都開始向桃桃學習，保護豆豆。漸漸地，班上嘲笑豆豆的同學越來越少，同學之間變得非常的團結友愛。

善良的孩子會站在對方的立場上思考問題，從而做出善良的舉動。古人說：「德不孤，必有鄰」，善良的孩子容易受到夥伴的擁戴，這能為他們帶來幸福感和安全感。一個善良又具有行動力的孩子有更大的機會創下成功的事業。

孩子生來純真，他們最終會長成什麼樣子完全取決於成長環境和所受的教育。隨著一些負面的社會新聞出現，家長對孩子的成長產生了恐慌，「送孕婦回家卻被殺」（胡伊萱案）、「扶了摔倒老人被訛詐」（南京彭宇案）……很多家長感嘆做個老實人太虧，擔心孩子太善良會被欺騙、被傷害。於是他們開始教育孩子善良是沒有用的。

但是，真的有必要這麼做嗎？卡內基說：「人格成熟的重要象徵——寬容、忍讓、和善。」一個人做的善事、發的善心，不會立刻見效，但實際上，已然惠澤了他人。這種惠澤，反過來又惠澤了自己，成全了自己甚至是自己的家人。但行好事，莫問前程。行善意之舉的人，看似笨拙地付出了時間和精力，但其實是一種遠見。

媽媽帶晗晗去餐廳吃飯，趕上飯點，餐廳的顧客很多。服務生在旁邊替所有人加水，晗晗不僅沒有對服務生表示感謝，反而一臉不耐煩地說：「你能快點嗎？都快渴死了！」態度非常惡劣。

媽媽陷入了深深的思考：晗晗怎麼變成這樣？是什麼使得晗晗越來越不懂得體諒他人，失去了內心深處的善良呢？

幾番思索之下，媽媽發現，自己有時對服務生也不是很客氣，於是晗晗也學會了這個壞毛病。

後來，媽媽再和晗晗一起到餐廳吃飯時，便對晗晗說：「服務生服務了我們，我們應該表示感謝。媽媽以前做出了不好的示範，以後媽媽和妳一起改掉這個壞毛病好嗎？」

從此以後，媽媽以身作則，對他人的態度變得溫和禮貌起來。耳濡目染之下，晗晗的性格也變得越發善良，更加能夠體諒他人。不僅親子關係更加和諧，在學校也受到老師和同學們的喜愛。

家長是孩子的第一任老師，一言一行、一字一句都會影響到孩子的人生觀和價值觀。想讓孩子成為善良的人，家長應以身作則，待人友善，給孩子樹立一個好榜樣，這樣才能在孩子心裡埋下善良的種子。

善良是孩子一生中最重要的財富，童年是孩子人格形成的重要時期。那麼，家長如何抓住孩子的童年時期來教會孩子善良，最大限度地對孩子今後的人生產生影響呢？

◆ 告訴孩子：在有能力的時候幫助別人

家長要讓孩子懂得幫助別人的前提是先保護好自己，在自己有能力的時候去幫助別人。如果孩子不會游泳，就告訴他不要奮不顧身地跳下去救人。因為這種盲目的善良是對自己及家人的一種傷害。

◆ 對孩子善良的舉動給予肯定和讚賞

孩子內心脆弱，當他自己做出善意的舉動而沒有得到家長的肯定時，他會對自己所做的事產生懷疑，之後可能會在善良的行為面前猶豫不決。這時，家長要幫助孩子重燃信心，幫助孩子堅信自己內心的想法是正確的。

第二章　孩子未來的成功，最終拚的是人品教養

◆ 培養孩子的愛心

家長可以讓孩子自己照顧一些小動物或者親手種一些花花草草，讓孩子在這一過程中體會細膩的感情，培養孩子善良的性格。

正所謂「善為至寶，一生用之不盡；心作良田，百世耕之有餘」。善良是人一生中最亮的底色。其實孩子生來善良，家長要透過恰當的方式將潛藏在孩子內心深處的優良特質發揚出來。日常生活中，家長要多為孩子做榜樣，對孩子善良的品行及時給予讚美和嘉獎，讓他們以施與為樂，以行善為樂。

學會寬容，讓孩子站在對方的角度想問題

「有時寬容引起的道德震動比懲罰更強烈。」以寬容之心對待身邊的人，會讓人感受到「化干戈為玉帛」的喜悅和如沐春風的溫暖。遺憾的是，現在的孩子大都缺少友善的意識，很少有寬容之心，不懂得諒解他人的過失。懂得寬容，孩子才能提高自己的社交能力、擁有健全的人格。

放學後，冰冰和圖圖一起回家。

路上，冰冰發現樹底下有一個漂亮的布娃娃，她直接伸手將布娃娃撿起來，拿給圖圖看。

誰知道，圖圖不但沒有誇獎這個布娃娃好看，反而一把搶過布娃娃，扔進了垃圾桶。

冰冰大聲哭喊起來：「你幹嘛丟掉我的布娃娃！我再也不理你了。」說完，她不聽圖圖開口說話便跑回家了。

回家後，冰冰將這件事情告訴了媽媽。媽媽聽完後沒有和冰冰一起埋怨圖圖，而是輕聲勸冰冰：「圖圖一直跟妳很要好，他從來沒有做過傷害妳的事情。可能圖圖是想開個玩笑，這件事情妳應該聽聽圖圖的解釋，如果圖圖做的有道理，我們為什麼不諒解他呢……」

後來，冰冰見了圖圖還是冷著臉，沒有和圖圖打招呼。圖圖滿臉歉意地對冰冰說：「昨天我不是要搶妳的娃娃，是因為那個娃娃在地上弄髒了，不衛生。我當時太著急，就先把它扔掉了……」聽完圖圖的解釋，冰冰也不生氣了，原諒了圖圖。

於是，他們兩個重歸於好，又快快樂樂地一起玩耍。

圖圖扔布娃娃的行為是為了冰冰好，只是因為年紀太小，一時著急，處理問題不妥當，讓冰冰產生了誤會。如果兩個人因為這件事情產

第二章　孩子未來的成功，最終拚的是人品教養

生了矛盾，又得不到化解，冰冰就會因此失去童年最好的朋友，這件事情也會成為兩個人記憶中永遠的遺憾。

寬容別人，也就是寬容自己。「世界上沒有不長草的花園」，告訴孩子，每個人都有一些缺點，也會犯一些小錯誤，但是我們要對別人多一些理解和寬容。沒有必要抓著別人的過失不放，而應盡量去寬容他人。以微笑待人，別人也會回以微笑。孩子學會了寬容，才能創造出友善的人際關係。

有人說：「寬容者讓別人愉悅，自己也快樂；刻薄者讓別人痛苦，自己也難受。」如果一個孩子的眼中只看到別人的錯誤，不肯選擇諒解，就容易陷入斤斤計較的漩渦中。從小以體諒、寬容之心待人的孩子，必然會虛心接納他人的意見，尊重他人，與身邊的人和睦相處。這樣的孩子是最受人歡迎的，他們舉手投足間都展現著非凡的魅力。

中午放學時，一位年輕的實習老師粗心地將菁菁一個人鎖在了遊戲室裡。一個多小時後，菁菁被幼稚園的其他老師發現並解救出來。

媽媽聞訊趕來，菁菁驚懼無比，縮在媽媽的懷裡痛哭不已。實習老師接到電話後，驚慌地趕回遊戲室，她雙頰漲得通紅，內疚地低下了頭。

現場鴉雀無聲，所有人都在等待著菁菁媽媽的斥責與埋怨。畢竟，是老師的疏忽導致菁菁遭受了不應有的驚嚇。然而，菁菁媽媽卻拍拍孩子的背說：「乖，妳看，老師都快被妳嚇哭了，去親親老師，告訴她沒事了。」菁菁親了親呆立在一旁的實習老師，拉起老師的手。

瞬間，周圍的人們感到一陣暖意。

在菁菁的親吻中，實習老師得到了寬容。菁菁媽媽的教育方式也讓周圍人感受到了溫暖。懂得寬容別人的媽媽，她的孩子也必然擁有一顆寬容的心。若是菁菁媽媽睚眥必報，得理不饒人，那麼菁菁也難以明白寬容的

道理。只有家長做好表率，寬容的種子才能在孩子的心裡生根發芽。

這就要求家長注重自身言行，當好孩子的榜樣。想要讓孩子擁有寬容的心態，請做好以下幾點：

◆ 做好榜樣

平日裡，與人為善，寬容對待身邊的人和事，不要把戾氣傳給孩子。

◆ 冷靜理智

當孩子與他人發生矛盾時，不要強勢地為孩子出頭。保持冷靜，理智地調查事情的真相。

◆ 拿捏分寸

對待他人不要太過計較，凡事要拿捏好分寸，要讓孩子知道寬容是站在大局立場上，對是非的一種宏觀處理態度，但它絕不是對壞人壞事的妥協。

◆ 接納理解別人

無論是大人還是孩子，遇到任何問題，要學會換位思考，體諒他人的苦衷，接納「不完美」。

◆ 心態平和

在孩子建立社交的過程中，家長要注意引導孩子對比自己「強」或者「差」的同伴及競爭對手保持平和的心態，讓孩子不嫉妒、不嘲弄。

家長要讓孩子明白，善待他人，也就是善待自己。寬容不光是一種美德，更是一種智慧、一種力量。只有擁有了寬容，才能有寬廣的胸襟和良好的人際關係。如果家長想讓孩子擁有快樂的人生，請讓孩子學會寬容。

第二章　孩子未來的成功，最終拚的是人品教養

誠實，是孩子的做人底線

魯迅說：「偉大人格的素質，重要的是一個誠字。」誠實是一個孩子與生俱來的品性，在孩子的成長過程中，家長應與孩子坦誠相待，以此來保持孩子的天真無邪，同時要注意引導，讓孩子的誠實自然而然地流露。

有一天，爸爸帶著小男孩去姑姑家做客。小男孩見到表兄弟、表姐妹開心極了，大家嬉鬧著玩起捉迷藏的遊戲。小男孩在房間裡跑來跑去，不小心撞到一張桌子，桌子上的花瓶跌落在地。孩子們正玩得起勁，誰也沒有注意到。姑姑聽見聲音，走進房間，看見花瓶碎了，問：「這是誰打碎的花瓶？」大家都搖搖頭，說：「不是我！」小男孩低下頭來，沒有說話。姑姑笑著說：「那一定是花瓶自己跳下桌子的。」大家都笑起來，小男孩卻覺得很愧疚。

回到家裡，小男孩悶悶不樂，躺在床上不說話。媽媽感到好奇，問他發生了什麼事。他把這件事和盤托出。媽媽勸他寫信給姑姑，承認自己的錯誤。

過了幾天，郵差送來姑姑的回信。姑姑在信上說：「你做錯了事能自己認錯，是個誠實的孩子。」這個小男孩就是列寧。

一個誠實的人，做錯了事會自責、放不下，因為他難以違背自己的良知。家庭教育中家長要注重對孩子誠實品格的培養，為人誠實會使孩子結交到更多的朋友，得到更多的幫助和關懷，更受別人的歡迎、尊重和信任。這對孩子的身心健康發展產生了重要作用。

有些家長不採取正面的教育方法去解決孩子成長過程中出現的缺點和錯誤，卻亂用打罵等懲罰手段。這種教育方式並不能讓孩子領會到自

己錯在哪裡，為什麼錯。很多孩子反而吸取反面教訓，為了掩蓋自己的缺點和錯誤反覆撒謊。孩子的誠實品格要從小培養，一旦他們形成了誠實的品格後，就不會再弄虛作假，以撒謊來掩蓋錯誤。

孩子撒謊有一定的原因，家長在處理這類問題時千萬不要過激應對。大多數孩子說謊是為了逃避家長和老師的責備和處罰，例如：考試成績未達到預期目標或者是調皮搗蛋做錯了事。

媽媽買了一個價值上萬元的學習機給甜甜作為生日禮物，並一再囑咐孩子不要弄丟。甜甜向媽媽保證，會認真保管。

一個月後，媽媽隨口問道：「甜甜，最近怎麼沒見妳用過學習機啊？」甜甜慌忙答道：「我借給同學了。」媽媽說：「那妳趕快要回來，這學習機貴著呢。」但是幾天過去了，她也沒拿回來。在媽媽的追問下，甜甜支支吾吾地說自己其實要回來了，但又轉手借給另一個同學了。

媽媽心裡有些懷疑，於是，讓甜甜兩天後必須拿回來。結果，兩天後，甜甜又找藉口說：「要回來了，但是我放學的時候放在教室裡忘記帶回來了。」媽媽不相信，說：「那我明天送妳去上學，妳把學習機拿出來。」

直到第二天早晨，媽媽真要跟甜甜去學校時，甜甜才哭著說：「對不起，媽媽，學習機被我弄丟了，我這幾天一直都在說謊。」

甜甜因為弄丟了學習機怕被媽媽責罵，便用說謊來逃避這一切。事實上，孩子的每一種能力都是透過學習和反覆練習培養出來的，其中也包括說謊。孩子說謊，家長也要反思，是否給孩子提供了說謊的環境或者機會？孩子犯錯時，家長的過激批評和指責都會讓孩子高度緊張，為了逃避父母的懲罰不得不拿謊言來應對家長。當孩子某一次因為說謊逃過家長的批評時，他們會產生僥倖心理。於是孩子從一開始的不敢說

第二章　孩子未來的成功，最終拚的是人品教養

謊，進入了練習說謊的階段。

孩子誠實品格的養成和家長的行為息息相關，如果一個孩子得不到家長的信任，總是無故被家長懷疑，這無疑是在把孩子推向謊言的懷抱。家長要注意的是，在孩子第一次犯錯的時候，就要讓孩子認清自己的錯誤，讓孩子意識到犯錯並不可怕，家長懲罰或者生氣的原因才是撒謊行為產生的原因。透過日常生活中的暗示引導，孩子會對誠實產生更好的理解，這對於孩子養成誠實的品格十分有效。要知道，給孩子最大的信任就是保護孩子的誠摯之心。

常言道「身教重於言教」，家長的行動對孩子來說是無聲的語言，有形的榜樣。一位真正重視孩子誠實品格的家長，絕不會輕易哄騙孩子，也不會當著孩子的面對別人撒謊。當孩子感受到家長對誠實這項品格極其重視，並且鼓勵孩子做出誠實的行為時，孩子就會對家長敞開心扉，以坦誠無私的態度面對人生。

孩子誠實品格的培養需要家長持之以恆的努力，需要家長保持耐心。不論是在家庭生活中還是在人際交往中，都要給孩子做出正確的引導。面對他人不誠實的言行，家長要態度鮮明地指出，義正詞嚴地批判，讓孩子明白弄虛作假的行為是會遭到大家批評的，而誠實的人卻會受到大家的歡迎。

以身作則，為孩子樹立誠信的榜樣

所謂誠信，是一個道德範疇，就是待人處事要真誠講信用。對孩子來說，誠信就是答應別人的事情一定要做到。古有「曾子殺豬」教導家長要言出必行，立信於人前。家長是孩子的第一任啟蒙老師，很多成長的經驗是需要言傳身教的，不能將教導的責任一味地推給老師。家長對孩子的誠信教育應從幼兒時期開始。

有位離異的單親爸爸，曾就親子問題在某論壇發文求助網友分析到底是誰的過錯。他曾向兒子承諾道：「如果籃球比賽得獎，就買一雙喬丹代言的運動鞋作為禮物送給你。」最後，孩子在比賽中表現優異，率領隊友奪得冠軍。父親卻以家庭困難為由，買了一雙「假喬丹籃球鞋」送給兒子。兒子一氣之下，將這雙籃球鞋剪壞扔在了父親面前。

大部分網友紛紛指責父親，認為他失信於兒子，才引發孩子的舉動。父親辯解道：「孩子已經很大了，難道他不應該在父母離異、父親生意失敗、家裡經濟困難的時候表現得更懂事一點嗎？為什麼不說是孩子的要求太任性呢？」

很多家長都像這位父親一樣輕易對孩子許諾而不考慮諾言踐行的可能性，目的大多是為了讓孩子努力取得成績，於是就開出空頭支票。

湯瑪斯・戈登認為：「青春期孩子反叛的不是其父母，而是對抗他們的權力。如果父母從孩子出生起就可以較少地依賴於權力，更多地依賴於非權力的方法來影響孩子，那麼孩子在進入青春期的時候就沒什麼可反叛的。」家長與孩子立下約定的方式，就是一種「非權力的方法」，這種約定方式是建立在雙方平等的條件下。如果家長能夠言而有信，完美實現曾對孩子許下的每一個承諾，孩子也能夠看到一個講道理的家長，

第二章　孩子未來的成功，最終拚的是人品教養

並且有利於親子間的溝通，孩子便不會輕易做出叛逆的舉動。

很多家長認為自己生養孩子，就有權利對孩子進行管教，孩子一切都得聽從自己方能顯示出威嚴。其實不然，家長的威嚴展現在日常生活的一言一行中，只有「言必出，行必果」，才能在孩子面前展現出威嚴。記住，做不到的事情就不要隨便說出口，說出的話就一定要做到。一個誠信的家長，他的孩子也必定是一個講誠信、有原則的人。

國外曾報導了一則新聞：因為父母不兌現承諾，12歲女孩離家出走。

小燕之前一直隨奶奶生活在老家A縣，11歲時才被父母接到B市上學。爸爸媽媽曾向她承諾：「期末考試全部90分以上，帶妳去看海。」這句話一下點燃了小燕讀書的熱情，她整整努力了一個學期，終於達成了目標。當她拿著成績單，滿懷希望地等著爸爸媽媽實現承諾時，父母的一句話卻讓她分外委屈：「這麼冷的天，看什麼海啊！」

小燕越想心裡越不是滋味，決定離家出走，回老家和奶奶一起生活。她背著背包悄悄溜出門，幸虧在路上遇到好心人，報了警，警察將小燕送回了家。

原來是因為小燕媽媽覺得現在天氣冷，海邊風大，擔心小燕會被凍感冒，才沒帶孩子去海邊。爸爸被小燕的哭鬧弄得不耐煩，就罵了她幾句，結果引發了出走風波。

最終爸爸媽媽當著警察的面，對小燕說：「等天氣暖和些，一定帶妳去看大海！」

爸爸媽媽一句輕飄飄的承諾，小燕卻為此辛苦奮鬥了一個學期，最終達成目標。當小燕興沖沖地找爸爸媽媽兌現承諾時才發現，這麼久以來，只有自己將這個承諾當真，就如同被當頭淋下了一盆冷水，令小燕失望至極。

> 以身作則，為孩子樹立誠信的榜樣

可能家長隨口說出承諾只是為了讓孩子努力奮鬥，只要讓孩子達成目標就好，不管之後孩子的反應。這樣的行為卻會極大地讓孩子對家長失去信任，讓孩子不會再對家長有所期待，甚至會成為孩子童年記憶中永遠的傷痕。

子曰：「人而無信，不知其可也。」誠信是做人的根本，擁有誠信的人才會更受大家的尊重。如果家長為了激發孩子的學習欲望便各種哄騙，說完就忘，一張張空頭支票就會讓孩子失去對他們的信任。家長有誠信，才能在孩子心中樹立高大的形象，成為孩子的榜樣，讓孩子也成為一個看重誠信的人。

誠信是做人的基本原則，家長有必要讓孩子知道，無論是在學校裡還是在社會上，誠信遠比成功更重要，講誠信才會讓人立於不敗之地。

家長在教導孩子時，一定要告訴孩子千萬別為了出風頭、好面子等原因而不假思索地答應別人的請求，在那之前，必須認真考慮下面的問題：

◆ **要對別人的請求有所了解**

了解這件事的具體要求是什麼，自己是否有能力完成這件事情。一切從實際出發，不要想當然地就做出承諾，要對自己的諾言負責任。

◆ **難以抉擇的事不要斷然拒絕，也不要滿口答應**

如果自己對能否完成這件事情沒有把握，也沒有去做這件事的心理準備，但是他人又特別需要幫助時，可以和對方說：「這件事做起來有些困難，但是我可以試試看能不能幫上你的忙。」

第二章　孩子未來的成功，最終拚的是人品教養

◆ 拒絕難以做到的事

明確知道自己辦不到的事情就不要承諾，因為如果承諾無法兌現，反而會招來對方的怨恨、責怪。輕易承諾不僅收穫不了友情，最終還會失去真誠的愛和友情。

◆ 說話算數

說出的話再想收回來就難了。家長要教導孩子說到就要做到，哪怕事後發現自己說的話想要實現有些困難，也要努力兌現。

孩子的很多行為都是和家長學的，家長誠信做人，孩子也會誠信做事，給子千金不如教他誠信。

不能遵守時間約定的人是不值得信任的

　　時間觀念對一個人的影響至關重要，有人說，它是人與人之間接觸的「第一語言」。家長在親子教育中也要加強對孩子時間觀念的培養，良好的時間觀念是個人素養的重要展現。一個守時的人，是一個嚴格要求自己的人，是真正有教養的人，是絕不會肆意地去浪費別人時間的人。

　　媽媽接到老師打來的告狀電話，說梓璇今天又遲到了，老師生氣地說：「這可是梓璇本週第三次遲到了！儘管我再三警告，梓璇依然遲到，這可怎麼辦呢？」媽媽連連道歉。梓璇放學回家後，媽媽問道：「妳怎麼又遲到了？」

　　梓璇小聲說：「我不知道時間這麼短，最近街上有間新開的書店，我去看了兩眼故事書，結果到學校就遲到了。」

　　孩子由於身心還未發育完全，所以自制能力比較差，做起事情來總是虎頭蛇尾、雜亂無章、毫無時間觀念。家長應加強引導，別讓孩子養成不守時的壞習慣。如果家長聽之任之，隨著年齡的增長，這種不守時的行為會在孩子的大腦裡根深蒂固。最後，即使這種不守時的行為傷害到了別人，孩子也難以理解別人鬱悶的心情，只覺得理所當然。

　　《哈佛家訓》一書中有這樣一段關於時間的描述：「在所有的資源中，時間不同於其他資源，它沒有彈性，找不到替代品，而且時間永遠是短缺的。時間既不能停止，也不能儲存。如何合理規劃自己的時間，將是每一個人35歲以前的必修課。」

　　時間的重要性不言而喻。家長要在孩子的教育中不斷強化時間的概念，讓孩子明白時間的寶貴，從小培養孩子的守時觀念，引導孩子做時間的主人。

第二章 孩子未來的成功，最終拚的是人品教養

天逸和朋友去遊樂場玩，媽媽囑咐他說：「6點之前必須要回來，不然，我不會再幫你另外做飯。」天逸連連答應。

然而，等到天逸回來的時候已經是晚上8點了。爸爸和媽媽正在看電視，天逸悄悄走進廚房，四處尋找，也沒發現任何吃的。媽媽說：「天逸，你錯過了吃飯的時間。」天逸不好意思地低下了頭，當晚他餓著肚子進入了夢鄉。

從此以後，天逸回家再也沒有遲到過。

守時，實際上是人與人口頭上的一種契約。親子之間也是，天逸遵守時間回來吃飯是對家長辛苦準備飯菜的尊重。康德在給老朋友的回信中寫過這樣一句話：「無論是對老朋友，還是對陌生人，守時就是最大的禮貌。」如果孩子不守時，家長卻一次次地原諒他們，其實是在對孩子不守時行為進行強化，致使孩子沒有機會了解守時的重要性。

魯迅說：「時間就是生命，無端地空耗別人的時間，其實是無異於謀財害命的。」一個深諳時間重要性的孩子，在珍惜自己時間的同時，也會珍惜他人的時間。

婧婧一遲到就要媽媽陪她去學校，媽媽幫她想好了藉口，她才敢去見老師。後來，媽媽發現隨著自己「幫忙」次數越來越多，婧婧反而遲到得越發頻繁。媽媽覺得自己是在縱容婧婧，再也不打算「幫忙」了。

有一天，婧婧吃早飯的時候拖拖拉拉，又遲到了。她哭鬧著想讓媽媽陪她去上學。誰知媽媽帶著婧婧來到學校見到老師後，坦誠道：「婧婧每次遲到都讓我幫她想藉口，我深知我的做法是在縱容孩子，以後我再也不這樣做了。請您好好教育她。」

老師果真將婧婧狠狠責備了一頓。婧婧雖然哭得很傷心，但從此以後卻再也沒有遲到過了。

> 不能遵守時間約定的人是不值得信任的

很多家長的時間觀念淡薄，認為孩子年紀小，還在上幼稚園，遲到了也沒關係，於是孩子在請家長幫忙找藉口做掩護時，很多家長都照做，絲毫沒考慮到這會對孩子造成負面影響。家長們在處理類似的事情時一定要意識到，幫孩子找藉口，等於縱容他們不守時的壞習慣。家長應該鼓勵孩子勇敢地面對遲到的後果，孩子受到了責備，反而會記住教訓。

人們時常會以生活中的小事來判斷一個人的特質，特別容易根據這種最初印象來判斷對方是否能贏得自己的信任和支持。有時間觀念的孩子，在今後的學習和生活中都會給老師、主管等身邊的人留下良好印象。培養孩子做時間的主人會使他們終身受益，那麼家長應該如何培養孩子守時的好習慣呢？

◆ **向孩子灌輸時間觀念，教孩子認識時鐘**

家長要教孩子認識時鐘，孩子上學之前就為他們準備一個屬於自己的時鐘。並告訴孩子，時針指到什麼位置就要到達幼稚園，否則就算是上學遲到；指到什麼位置放學鈴聲響起，爸媽會接他回家。如生病或有事上不了幼稚園，一定要教孩子打電話跟老師請假，家長要跟老師說明情況。

◆ **訓練孩子固定的起床時間和晚上睡覺時間**

大部分孩子都會賴床，怎麼哄都無濟於事。這時家長應多一些耐心，告訴孩子必須在規定的時間內穿好衣服。到晚上不管孩子有沒有睡意都要讓孩子準時上床休息，孩子若不肯聽話，家長可在床前陪伴入睡。在家長長時間的引導和監督下，讓孩子的時間觀念得到逐步增強並形成習慣。

第二章　孩子未來的成功，最終拚的是人品教養

◆ 家長要以身作則，遵守時間約定

孩子的模仿能力十分強大。家長向孩子提供不良行為的示範，孩子也會學著家長的行為行事。所以家長要約束自己、以身作則，在潛移默化中讓孩子養成守時的好習慣。

德國諺語：「準時就是帝王的禮貌。」守時是信用的禮節，在孩子的學習和生活中，時間約定一般是在與他人相處時最早立下的約定，會給別人留下的第一印象產生很大影響，也是在日常生活中經常需要履行的約定，沒有時間觀念的人，會在一次次的約定中浪費他人的時間、損害自己在他人心中的良好形象。

守時是一個人擁有良好的自我管理和約束能力的展現，孩子有良好的時間意識，才能適應現代生活的快節奏，家長對孩子寄予厚望，首先應培養孩子守時的好習慣。

讓孩子懂得自我反省，不隨便評論別人

孩子總是直白、坦率地表達自己的想法，從不考慮自己的言行是否會對別人造成傷害。家長不能簡單地用一句「童言無忌」就將事情一帶而過，不能因為孩子年紀小就忽略了對孩子言語得體的要求。──個懂得反省自己缺點、不隨意評論他人、笑話他人的孩子能夠得到他人的喜愛，這樣的孩子有著良好的教養。家長要讓孩子學會自我約束，自我反省。

嬌嬌放學回家後呆呆地坐在沙發上一聲不吭。媽媽察覺到了嬌嬌情緒的異常，故意說：「今天快樂的小白兔怎麼不出聲呢？是不是有什麼心事呀？」

嬌嬌就拉著媽媽的手，噘著嘴說：「童童被我氣哭了。」媽媽便問：「發生什麼事了？」從嬌嬌的描述中媽媽了解到，原來美術課上，老師拿來一顆紅蘋果，教小朋友們學畫畫。童童畫完後，嬌嬌伸頭看了一眼，說：「妳畫得真醜，像個大屁股！」聽到「屁股」這個詞，大家哄堂大笑，很多小朋友對老師說童童畫了個「屁股」，童童當場氣哭了。嬌嬌被童童的反應嚇壞了，所以心情很不好。

媽媽嚴肅道：「嬌嬌，妳想像一下，如果別人這樣說妳，妳是不是也會很難過？記得明天跟童童道歉喲！以後再也不要這麼說別人。」嬌嬌點點頭，陷入了沉思中……

當孩子因為一個小玩笑表現得異常傷心時，家長不必為孩子過強的自尊心感到吃驚。孩子特殊的心理感受會導致認知差異，讓他們在看似普通的事情上出現激動的反應。況且，孩子在三歲之後就逐漸萌生了自尊和驕傲的心理，很小的一句評論都會刺傷他們脆弱的內心。在孩子用

第二章　孩子未來的成功，最終拚的是人品教養

過分的言語隨意評論別人時，家長應引導孩子去換位思考。

其實孩子隨意評價別人是有特定原因的，孩子們都喜歡附和同伴，同時也希望能贏得同伴們的附和，若自己隨意的一句話能引起同伴們的哄堂大笑，會從心底生出一種滿足感。家長們要讓孩子意識到，隨意評價別人的這種行為是不禮貌的。

如果家長並不在意孩子的這個缺點，一方面很有可能導致孩子會因為別人的評論而受到傷害；另一方面，也有可能讓孩子不自覺地學著去隨意評論別人，這就會影響孩子與朋友展開友好的交往，對孩子造成不良的影響。

有一天，瑞瑞放學回家，興高采烈地說：「媽媽，我跟妳說一件有趣的事情。我們班有個同學上課的時候尿褲子了，好丟臉，沒想到他這麼大了還尿褲子，大家都在笑話他，叫他『尿褲子大王』，最後那個同學哭了⋯⋯」

媽媽面色沉下來，問：「你也嘲笑了這名同學？」瑞瑞點點頭。媽媽語重心長地說：「隨意嘲笑別人是很不好的習慣，這個小朋友不小心尿褲子已經很羞愧了，你們說這些話會對他造成很大的心理陰影。如果是你上課來不及上廁所，尿褲子了，結果被全班同學嘲笑，是不是會很難過呢？誰都會犯錯，但沒有人希望自己犯錯的時候受到別人的排擠和嘲笑。」

第二天，媽媽讓瑞瑞去跟那個同學道歉，他們因為這件事成了一對好朋友。

瑞瑞在嘲笑同學時並沒有惡意，只是單純地跟隨其他同學起閧，並沒有考慮到會給被嘲笑的同學帶來傷害。孩子有時會因為不分輕重，加之對詞語理解得不全面，會用從家長、網路、電視等來源學習到的話語去隨意嘲諷別人，聽到別人被取綽號也會跟著一起叫。雖然是無心之

舉，但是被隨意評價的人卻不會這樣認為，他們能夠從對方的語言中感受到自己不被尊重。

家長在教育中也要約束自己的行為，如果家長有隨意評價別人、嘲諷別人的習慣，就很容易讓孩子學會用尖刻的話去形容別人，導致孩子出現「說話刻薄」、「愛笑話人」的問題。曾子曰：「吾日三省吾身：為人謀而不忠乎？與朋友交而不信乎？傳不習乎？」每個人多多少少都有缺點，有的人能夠隨時反省自己，發現自己存在的不足之後勇敢承認，並努力改正、加以完善，那麼他身上的缺點就會變得越來越少，優點則越來越多。在家庭教育中，想要培養孩子自我反省的能力，家長不妨借鑑以下幾點：

◆ 不直接對孩子的錯誤加以指責

孩子犯錯了家長不要急於發火，要給孩子一定的空間和時間來反省自己，也給自己一個緩和、冷靜的機會。家長要保持冷靜的態度，從側面引導孩子進行自我反省，明辨自己的過失。

◆ 讓孩子承擔犯錯的後果

許多家長常常替孩子去承擔犯錯的後果，使孩子覺得做錯了也沒關係。其實，家長應該讓孩子自己去承擔責任，讓孩子明白，一旦犯錯將會造成很多嚴重的後果。

◆ 讓孩子了解傷害他人的行為會受人譴責

家長要讓孩子了解到傷害他人的行為是不被人認可的，這種不好的行為所帶來的負面道德情緒體驗，更會在孩子的心中留下深刻的記憶，促使他不斷自我反省。

第二章　孩子未來的成功，最終拚的是人品教養

　　自我反省能力能夠促使孩子更快地成長，在評論他人之前，孩子也會自己反省這種行為會不會給他人帶來傷害，孩子掌握了自我反省的能力，就等於掌握了自我完善和健康成長的祕方。

謙虛既是美德，也是教養

有人說：「現代社會裡強調競爭與自我表現，謙虛已經過時，謙虛就是虛偽的代名詞。」這種認知是絕對錯誤的，「謙虛」和「虛偽」，兩者之間有著本質的區別，謙虛是建立在利他主義之上的一種美德，是虛心和謙讓相結合的一種行為，而虛偽則是為達到某種自私目的而採取的一種欺騙手段。

家長應讓孩子明白「謙虛使人進步，驕傲使人落後」的道理。謙虛的人，頭腦更加清醒，能清晰地了解自己所取得的成就和自身存在的問題。這樣的人更加能端正態度，不斷學習，取長補短。

喬喬成績很好，在學校裡，她處處都表現得非常高傲，不太合群。對於任課老師，喬喬也不太尊敬，她認為靠自己自學，也能夠取得好成績。

但是喬喬很喜歡和爸爸聊天，還經常將自己的週記讀給爸爸聽。有一天，喬喬又唸起了自己的一篇週記。聽著聽著，爸爸皺起了眉頭，原來喬喬在週記中提到自己與數學老師之間發生的爭執，數學老師批評喬喬寫作業字跡潦草，喬喬卻認為老師小題大做。

第二天，喬喬發現自己的書桌上擺著爸爸寫給她的紙條：「喬喬，妳是個懂事的孩子。妳該明白，老師批評妳，本意是希望妳進步。他明知批評妳會引起妳的反感，卻仍然做出這一選擇，其實是為妳好。女兒，古語云『滿招損，謙受益』，爸爸希望妳更謙虛一點。」喬喬覺得很羞愧。

從此以後，在爸爸的幫助下，她變得越來越低調、謙虛。

喬喬在爸爸的幫助下，明白了自己學習態度過於驕傲的缺點，並虛心改正錯誤，變得能夠聽取別人意見，不斷完善自己。很多家長在教育

孩子的時候一味地採取讚賞、表揚的態度。不可否認，表揚在一定程度上能培養孩子的自信心，可是表揚一旦過度，就會產生反作用。

　　心理學家認為，家長對孩子過度表揚會讓孩子養成驕傲自負的性格。尤其是對一些比較優秀的孩子來說，表揚過多往往會助長孩子驕傲自滿的心理，也容易讓孩子意識不到自己的缺陷，接受不了失敗和不完美，在孩子的成長過程中，一旦受到打擊，便會形成更加嚴重的傷害。

　　莎士比亞曾經說過：「一個驕傲的人，結果總是在驕傲裡毀滅了自己。」驕傲自大的人會喪失對自己的客觀認知，他們總會毀滅在更加強大的人手裡。謙虛是孩子成長路上不可缺少的品格之一，它使得孩子永不停歇學習的腳步，不斷地改掉缺陷、完善自己，幫助孩子樹立好人緣。家長要想培養孩子謙虛的品格，就要先幫孩子克服自負心理。

　　有位16歲的少女創業成功。她受邀在一檔節目上介紹自己的創業專案時發言：「當我拿著上千萬的投資和獎金的時候，很多成年人還在打手遊，領社會底薪，過著十年如一日的生活。」

　　誰知，她的發言竟然引起網友的炮轟。一名網友說：「年紀輕輕成為公司CEO，創業想法能夠多次獲獎，本應該受到讚賞。但她太驕傲張揚了。妳成功了，可以分享自己的成功經驗，激勵別人進步，這樣驕傲地貶損別人就顯得毫無教養了。」

　　德國作家讓‧保羅曾經說過：「真正的謙虛，為一切美德之母。」驕傲的人都有著自以為是、輕視別人的缺點，甚至會故意取笑別人。一個孩子若沒有養成謙虛的品格，那麼，他在未來的道路上注定不能走得太遠，因為驕傲自大會是他們人生路上最大的絆腳石。

　　謙虛的人總認為還有很多東西要去學習，好多人身上的優點都值得自己去吸取，於是他們也就習慣於虛心求教，不斷前進。而且謙虛的人

在處理人際關係時,會更多地考慮他人的自尊心,照顧到別人的感情,這讓他們更受大家的歡迎。

家長在培養孩子的謙虛品格時,要把握適度原則。當孩子完成一件事的時候,家長應該就事論事,適度表揚,不要過分誇大孩子的成就,也不要故意去打擊孩子的不足。聽到別人表揚孩子時要拿捏分寸,做到「兩不」原則:不順勢也表揚起自己的孩子,不過度謙虛貶低自己的孩子。

例如,當別人說:「聽說你的小孩在演講比賽中得了獎,太厲害了!」有的家長會順口回應道:「這沒什麼了不起!我家孩子要是能像你女兒一樣念書厲害就好了!」家長不要認為孩子是自己的,想怎麼說就怎麼說,或許自己孩子真的有不足,但隨隨便便在外人面前否定孩子,這無疑會挫傷孩子的自尊心。孩子心理漸漸成熟,他們迫切地希望得到來自成年人的理解和尊重,過度謙虛會打消孩子的積極性。

所謂君子品行,謙謙之風。謙虛的人懂得說話留有餘地,做事腳踏實地。讓孩子學會謙虛,他才能明白「人外有人,天外有天」的道理,才能贏得他人的歡迎和信賴。

第二章　孩子未來的成功，最終拚的是人品教養

同情心：言傳身教的同時為孩子營造愛心氛圍

　　詩人薩迪・設拉茲說：「你不同情那跌倒的人的痛苦，在你遇難時也將沒有朋友幫助。」同情心是一個人最基本的道德情感，在人際交往中必不可少。家長都知道培養孩子同情心的重要性，孩子如果缺乏同情心就無法真正感受他人的真正需求。同情心是孩子與生俱來的特質，需要家長的小心呵護和培養。

　　慧慧養了兩隻可愛的小雞，每天都悉心地照顧牠們。

　　有一天，一隻小雞遛出了院子，到鄰居家的草地上覓食，被鄰居家養的大狗咬傷了翅膀。鄰居及時發現，制止了大狗傷害小雞，把小雞送回慧慧家，並向慧慧賠禮道歉。看著小雞翅膀流著血，慧慧著急地哭了起來。爸爸聞聲趕來，急忙安慰慧慧，並帶著慧慧幫小雞清理傷口。

　　「小雞受的傷不重，已經不流血了，傷口過幾天就會好的。」爸爸安慰慧慧。

　　慧慧哭著說：「那隻狗好壞，爸爸，你去幫我打牠好不好？」

　　爸爸聽了，抱著慧慧，輕聲勸道：「妳養的小雞受傷了，你很難過，對不對？」慧慧點點頭。爸爸接著說：「鄰居養的狗如果受傷了，鄰居是不是也會難過呢？而且，大狗有捕食小動物的天性，他可能以為偷偷跑出去的小雞是他的獵物，才會傷害小雞的。鄰居剛才都已經跟我們道歉了，我們就原諒他們吧。」

　　慧慧聽完後想了想，說：「那我們就不打大狗了，牠受傷了也會很痛的。」

　　家長的言行舉止對孩子的影響是最大的，懷著憐愛之心，溫柔地對待他人，這種富有同情心的行為也在潛移默化地影響著孩子，悄悄在孩

> 同情心：言傳身教的同時為孩子營造愛心氛圍

子心裡埋下一顆善良的種子。

家長對周圍人表現出真摯的同情，積極幫助身邊有困難的人，可以讓孩子受到感染，讓孩子在家長身上學會善良。另外，父親對家庭的態度，同樣會影響到孩子的一生。如果父親將家庭放在第一位，尊重母親、關愛母親，孩子也會對家人溫和友愛，對外人也會謙讓有禮。

媽媽在茉茉很小的時候，就有意識地培養她的同情心。

有一次，母女二人去公園散步。一個小女孩在她們身邊摔倒了，媽媽對茉茉說：「妳看那個小朋友摔倒了，妳每次摔倒的時候總是痛得大哭。那個小朋友的膝蓋一定也很痛，我們趕快把她扶起來！」

在媽媽的引導下，茉茉跑過去攙扶起摔倒的小朋友。媽媽又說：「小妹妹哭得好傷心，快拿出妳的面紙，幫她擦擦眼淚好不好？」茉茉點點頭，耐心勸慰著身旁的小朋友……

在媽媽的教導下，茉茉的同情心就在不知不覺中被培養起來了，也學會了善意待人。培養同情心是情感教育的重要組成部分，是構成孩子優異品德的重要一步，有益於孩子人格的健康發展，為孩子建立良好的人際關係打下基礎。

生活中富有同情心的孩子一般性情溫和，質樸純良，討人喜歡；缺乏同情心的孩子卻性格陰暗、怪異，不肯與人親近，容易走極端，人際關係頻頻出現危機。

西班牙兒童教育家 Esteve Pujol I Pons 提醒道：我們在培育孩子同情心的時候，注意別陷入迷思。例如：同情心與感情脆弱截然不同。同情心並不僅限於感受，單純為了電視中的悲慘一幕而痛哭，對身邊種種不公平事卻漠不關心，這樣的孩子骨子裡缺少共情。只是將「太可憐了」掛

第二章 孩子未來的成功，最終拚的是人品教養

在嘴邊並不是同情心，只有試著去幫助身處逆境的人，親自付出行動才是同情心。

培養孩子同情心的具體途徑，可參考以下建議：

◆ 為孩子示範表達同情心的正確方式

心理學教授黛博拉・L・貝斯特認為：「透過觀察父母與其他人互動的方式，是孩子發展同情心最有效的方法之一。」家長要用行動向孩子示範如何對他人表達關心與憐憫。比如：詢問伴侶今天過得如何，幫助老人做一些力所能及的小事。在家長的影響下，孩子會嘗試用同樣的方式來幫助身邊的人。

◆ 從教育內容入手，培養孩子的同情心

家長可帶著目的，經常對幼兒講善意助人的社會新聞，或讓孩子閱讀一些具有情感性的童話故事，如《小美人魚》、《賣火柴的小女孩》等。

◆ 支持孩子的「做愛心」活動

用圖書影像資料或者親身探訪等方式讓孩子了解邊遠山區貧困人口的生活環境，鼓勵孩子適當捐出自己的壓歲錢、零用錢去幫助別人。或讓孩子參與為災區捐款捐物的活動。

◆ 讓孩子領養一隻小動物

孩子的善良本性展現在他們對待弱小動物的態度上。在條件允許的情況下，家長不妨帶孩子去當地動保單位，領養一隻小動物。在孩子養育動物的過程中，發掘他們的同情心。

同情心是孩子品德培養的基礎內容，家長要善於挖掘、保護孩子的同情心，更要努力提高自身的修養，積極為孩子樹立優良榜樣。

第三章
完善的性格，
是父母一點點給的

第三章　完善的性格，是父母一點點給的

挫折教育提升孩子抗壓能力

很多孩子長大後性格脆弱，容易收穫「玻璃心」、「沒出息」等評價，往往是因為他們在成長過程中缺乏一定的挫折教育，抵禦負面情緒的能力堪稱為零。挫折教育是指在孩子的教育過程中，用挫折來激發孩子的潛能。當孩子遇到困難的時候，適當地讓他們自己解決，這也是對孩子意志力的磨練。

挫折教育的目的是培養孩子自強獨立的勇氣和忍耐痛苦的能力。很多家長雖然認同挫折教育的重要性，卻總認為這是以後的事情，現在實行還為時過早。

他們沒有意識到自己的孩子其實正處於身心發展的敏感期，正面的引導能讓孩子安然度過生理、心理的鉅變，走向成熟，變得強大起來；不管不顧或者乾脆做出負面榜樣的家長，則會對孩子的成長造成負面影響。

依據兒童心理學家的研究可知：0到6歲的兒童心理總呈現出階段性的連續變化，家長若能抓住這一過程，針對性地實行挫折教育，那麼對孩子的教育就能產生事半功倍的效果。

對於1歲之前的孩子來說，家長的照顧、關愛能給他們帶來安全感。家長在細心看護孩子的同時，不要過分干涉孩子對於外部世界的探索。這是在為之後的挫折教育做鋪陳。

對於1～3歲的孩子來說，由於「自我意識」的種子正在發芽，孩子的行為也變得相對獨立起來。家長要對這一時期的孩子給予足夠的關心，一定要讚美、鼓勵。

3～6歲之間的孩子對遊戲最感興趣。家長不妨利用遊戲來教育孩子成長。比如說，當孩子遇到挫折的時候，家長完全可以設定一個有趣的遊戲，讓孩子從遊戲中懂得勇敢面對挫折的好處和意義。

除此之外，家長還可以這樣做：

◆ **孩子因挫折而灰心喪氣時，家長首先要過濾負面情緒**

有的家長會因為孩子一次糟糕的考試成績而勃然大怒，對孩子劈頭蓋臉一頓罵。殊不知孩子會因此對失敗產生心理陰影。記住，再失望也不要將情緒發洩在孩子身上。冷靜地告訴孩子「及時和家長溝通」，縮小挫折的影響力，鼓勵孩子再接再厲，並帶著孩子一起分析失敗的原因。

◆ **創造一個自由開放的成長環境**

鼓勵孩子多與同伴們接觸，讓友好的相處與合作貫穿他們的童年生活。同時，家長也可以利用一些特殊的生活場景，將其包裝成孩子們前行道路上的「路障」，鼓勵孩子動動腦筋，主動解決問題，提高孩子抗挫折的能力。

◆ **家長不要越俎代庖**

明智的做法是：站在孩子身後，做他們堅強後盾的同時鼓勵他們勇敢前行。一旦有了足夠的歷練，家長就不用擔心孩子會在紛繁複雜的人際關係中受傷，或者敗在一些微不足道的問題上。只需看著他們目標清晰、腳步穩固地邁向未來即可。

◆ **在孩子的興趣上「推一把」**

家長在發現了孩子的天賦和興趣後，不要因為心疼孩子而放縱他們浪費自己的天賦。為孩子立規矩，用嚴格的訓練成全他們的天賦。熱門

第三章 完善的性格,是父母一點點給的

電影《我和我的冠軍女兒》裡的父親就是這樣做的。

孩子能夠茁壯地成長堪稱家長最大的心願,所以家長總是傾盡全力地去為孩子遮風擋雨,見不得孩子受一點委屈。可是這樣做對孩子的成長沒有好處。儘早讓孩子體會失敗的滋味反而是在為孩子日後跨越障礙奠定基礎。

當然,家長們一定要注意,挫折教育不是一蹴而就的事情,切不可拔苗助長。在日常生活中潛移默化地引導,並為孩子設定階段性目標,才能讓孩子蛻變成「輸得起、靠得住」的人。

把幽默「傳染」給孩子

都說孩子是父母生命的延續。有的家長不禁愁眉苦臉道:「真怕孩子會繼承我骨子裡的悲觀,一輩子活得自怨自艾。」然而,家長若沉陷在悲觀的情緒裡無法自拔,卻不試著做出改變,孩子也只會在悲觀的成長環境中越來越自卑、內向。如此一來,這些家長一直擔心的事情就會變成現實。

欣欣原先是一個刻板、嚴肅的女孩,當了母親後,她卻變得活潑、機智起來。她平時與女兒之間的談話,總是趣味盎然,滿溢著童心。

有一次,女兒跟她鬧矛盾,氣鼓鼓地待在一旁不說話,欣欣悄悄走近女兒,摸摸她的小肚皮道:「寶貝肚子裡是不是藏著一個氣球?是不是要等氣都跑光了才肯和媽媽說話?」女兒咯咯笑起來,摸著欣欣的肚子說:「媽媽肚子裡的氣球比我的大多了!」欣欣接到:「對,我肚子裡的是熱氣球!」母女倆說完後,不約而同地笑起來。

還有一次,女兒躊躇滿志地參加了一場比賽,最後卻名落孫山。欣欣擔心她承受不了這個打擊,想不到女兒頑皮地眨眨眼:「我要打電話給我的幸運女神,讓她趕緊飛過來幫我⋯⋯」

欣欣積極調整自己的心態,讓女兒在耳濡目染之下成了一個樂觀向上、充滿了幽默感的人,能夠健康快樂地成長。孩子充滿幽默感的大部分原因是來自家長。家長若說一些好玩的話,或做些有趣的動作,孩子總會在第一時間露出純真的笑容。這時候,幽默的種子正在孩子的心中悄悄地發芽。

在育兒專家看來:幽默感在人際交往中占據著極其重要的地位,它是 EQ 的另一種展現。欣賞幽默、深諳幽默之道的家長更容易培養出充滿自信、不畏困難的孩子。而內向、憂鬱的家長卻往往會成為孩子成長

第三章　完善的性格，是父母一點點給的

過程中的陰影，無法給他們帶來陽光。

如果家長的心態偏於內向，一定要嘗試著敞開心扉，用自己的方式去擁抱幽默。家長心態的積極轉變對孩子而言是最好的禮物。因為健康和諧的親子關係一定少不了幽默這味「佐料」。

錢鍾書是一位極具童心的父親。他喜歡和女兒阿圓一起玩耍，總是手舞足蹈，將阿圓逗得十分開心。

有一次，錢鍾書趁阿圓睡得正熟，用毛筆沾墨在孩子的肚皮上畫了個大花臉。阿圓醒後，盯著肚子上那張有趣的臉哈哈大笑起來。她也拿起毛筆，在父親臉上胡亂塗畫起鬍鬚。錢鍾書趁其不備，轉身便跑。父女倆你追我趕，玩得不亦樂乎。

錢鍾書還喜歡在阿圓的床上藏各種玩具，等到阿圓將所有的玩具找齊後才肯睡覺。類似這樣的小遊戲層出不窮，讓阿圓的童年生活變得豐富精采，意趣盎然。

富有幽默感的孩子能輕易地收穫同齡人的信任與「愛戴」，他們身上那種無形的親和力能讓他們迅速融入各種不同的環境，而這也是孩子能始終以樂觀寬容的心態去面對世事的重要原因。那麼，作為家長，又該如何將幽默傳遞給孩子？

◆ 保留赤子之心

很多家長自持於大人的尊嚴，每每出現在孩子面前的時候都是一副不苟言笑的樣子。久而久之，孩子在你面前也會戴上一副面具，不願意袒露自己的真心。

能夠放下身段，全身心地融入孩子世界的家長，教給孩子的是一種積極樂觀的處世方式，是一種深沉、厚重的人生觀。正如幽默大師林語堂所言：「幽默是一種人生觀的觀點，是一種應付人生的方法。」

◆ 家長做到用心感悟生活，樂觀向上

幽默的人都有一顆火熱的心。只有心向光明、熱愛生活的人才能挖掘出生活中種種幽默、美好之處。家長只有做好表率，才能教會孩子如何運用自己的視角去看待世界，如何在複雜的環境中依然保有一顆赤子之心，始終樂觀地面對世界。

◆ 教孩子欣賞幽默作品

3歲大的寶寶已經有了閱讀的需要，家長可用幽默的作品來提高孩子對幽默的領悟力。比如漫畫書《丁丁歷險記》，文學故事《老虎拔牙》等。一些幽默的歌曲也能讓孩子始終保持愉快的心情，啟迪孩子的心智，如〈王老先生有塊地〉、〈兩隻老虎〉等。

◆ 鼓勵孩子大膽表現幽默

生活中，為孩子搭建自由展現幽默的舞臺，鼓勵孩子巧妙自嘲，善用「迷因」，講笑話。注意引導孩子掌握幽默技巧，高明的幽默不是肆無忌憚地開別人玩笑。

幽默感不僅僅來源於先天的遺傳，後天的培養亦十分重要。家長可以有意識地提升自己的幽默感，以樂觀向上的心態面對生活中的困境，再將這份快樂「傳染」給孩子。家長不要在家裡頻繁地宣洩自己的負面情緒，應找到良好的放鬆途徑，比如跑步、唱歌等，讓孩子也學會如何用輕鬆的方式來面對生活中的困難。親手營造一個充滿歡聲笑語的家庭是非常有成就感的事情。

第三章　完善的性格，是父母一點點給的

培養孩子專注的性格，只有專注才能走得更遠

　　缺乏專注力的孩子注意力容易不集中，像得了過動症一樣老是坐不住，做事三天打魚兩天晒網，寫作業的時候老是拖拉……家長們苦惱於孩子糟糕的專注力，卻不知道從一開始就要著意去培養孩子的專注力。還有很多家長不知不覺中扮演了扼殺孩子專注力的「背後元凶」。

　　5歲的琪琪正聚精會神地看著童話書。

　　奶奶問道：「琪琪，喝點牛奶吧。」琪琪搖搖頭。

　　過了一會兒，奶奶又試探著問道：「要不吃顆蘋果？」琪琪還是搖了搖頭。

　　奶奶追問道：「琪琪妳看得懂嗎？不如奶奶跟妳說個故事？」

　　琪琪的爸爸聞聲而來，將奶奶哄出了琪琪的房間，笑道：「媽，她一個人看書看得正專心呢，您別打擾她。」

　　很多家長也經常會遇到這樣的情況，當孩子自顧自地將積木胡亂地堆在一起時，家長覺得孩子這樣是錯誤的，便出言提醒：「別這樣搭，這塊不應該放在這裡……」孩子卻不管不顧，結果積木塌了，家長忍不住抱怨：「叫你別放這裡你偏不聽……」孩子生氣地將手中的積木丟掉，然後跑開了。本來玩遊戲是一件快樂的事情，結果卻弄得家長和孩子雙方都不高興。

　　實際上，孩子這時候正處於「自我意識萌芽期」，他們看似不聽話的行為其實是對自我能力的一種探索。在這個過程中，孩子無疑是相當專注的。家長對孩子懵懂的探索表現出的不耐煩，卻讓孩子的專注力戛然而止。教育專家多次強調：專注力其實是孩子天生具備的一種特質。家

長若能對孩子的行為多一點理解，孩子的專注力便能順利「抽芽」，茁壯成長。

有時候，家長也會為了趕時間或別的理由，屢屢打斷孩子的專注力。孩子的專注力若一再遭受破壞，就很難重新建立。所以，當孩子全神貫注在自己感興趣的事情的時候，家長最好默默陪伴在一旁，並及時給出指導。

孩子不夠專注，還與家長從小「鼓勵」孩子一心二用有關。為了培養孩子的全面素養，教導孩子最大化地利用時間，有些家長總是會讓孩子一邊做這一邊做那。比如說，孩子玩拼圖的時候，家長在旁邊放古詩詞的朗誦光碟。久而久之，孩子的注意力變得越發難以集中。

有些家長往往會替孩子安排過於密集的活動，正因如此，孩子在一件特定的事情上只能投入很短的時間。緊接著，他們就要被督促著參加下一個活動。

當孩子的注意力長期處於游移的狀態時，又怎能期望孩子像機器人一樣，做任何事情都能快速投入、無比專注呢？

丹丹從幼稚園放學後，媽媽馬不停蹄地開始了英語啟蒙課。丹丹剛剛學會了三個單字，媽媽又搬來一疊書，說：「現在是親子閱讀時間。」她帶著丹丹朗讀起了一個個小故事。沒等丹丹消化完故事內容，媽媽又拿來魔術方塊遊戲，教女兒玩起魔術方塊來。

丹丹心不在焉地轉動著手中的魔術方塊，不時看向窗外。媽媽火了：「你的注意力怎麼就那麼難集中呢？」

丹丹由於年紀還小，還不能長時間集中注意力，每一段專注的時間過後都需要適當的休息。可是媽媽為丹丹安排的學習項目過於密集，這樣反而不利於丹丹專注力的培養。所以，家長應該留出讓孩子專心致志

第三章 完善的性格，是父母一點點給的

地做一件事的時間，慢慢培養孩子的專注力。

除此之外，家長還能採取哪些具體的方法來提高孩子的專注力呢？不妨參考以下建議：

◆ **習慣性地延遲幫助**

拿一道數學題來舉例，有的孩子可能需要計算半小時，才能得到正確的答案。家長卻等不了那麼久，他們迫不及待地將方法及答案一股腦地塞進孩子腦中，希望孩子能迅速消化。其實，引導孩子自己去尋找答案，才是正確的做法。因為專注力能靠著成就感得以大幅提升。

◆ **在安全的前提下，鼓勵孩子嘗試新事物**

興趣是專注力必不可少的條件。當孩子找到一項感興趣的事情時，他們甚至能安靜地坐上一小時。這時候，家長要放下浮躁，不要輕易打擾，放手讓孩子自己去摸索。

◆ **依據孩子的實際情況，減少補習的次數**

有些孩子上課的時候不認真聽講，是因為很多內容他們在補習班已經聽過了。孩子在這樣的學習氛圍中，學習能力其實沒有得以提升，學習興趣也大大降低，無疑是得不償失的。有些補習班很有幫助，有些卻沒必要，家長可酌情刪減。

◆ **將孩子的書房收拾得更加簡潔明亮**

雜亂的環境不利於孩子專心學習，玩具、漫畫書等時時向他散發著誘惑力。家長要將書房裡多餘的物品收起來，別讓孩子受到干擾。

◆ 帶孩子進行一些「靜心訓練」

比如說「聽數報數」，家長隨機唸一組數字給孩子聽，然後讓孩子憑著記憶報出來；比如說「讀書訓練」，家長挑選一篇文章，讓孩子大聲朗誦，家長記下孩子讀完文章的時間，孩子一旦出現停頓、錯誤，便讓他從頭讀起⋯⋯

在進行這些小遊戲的時候，家長還可以設定一些獎懲措施，以此提高孩子的積極性。

家長要根據孩子的年齡和特性，給予科學、正確、循序漸進的引導，讓孩子的專注力得以最大幅度地提升。只有專注才能讓孩子走得長遠，家長抓得越早，後面的效果就越好。

第三章　完善的性格，是父母一點點給的

積極陽光，引導孩子發現自身的優點

　　學習領域的經典著作《刻意練習》中說：「人人都能成為天才！」在教育孩子的過程中，家長最重要的任務是幫助孩子發現「原來我擅長這些」、「我也可以做到」、「在這方面我比別人厲害得多」，讓孩子找到自身的優點。

　　1840 年，柴可夫斯基出生於俄國的一個普通家庭。他的父母雖然沒有音樂才能，卻都很喜歡聽音樂。在柴可夫斯基還是個嬰兒的時候，柴可夫斯基的父母發現自己的兒子對音樂特別敏感。他們認定，襁褓中的小柴可夫斯基絕對是個音樂天才。

　　每天，父親上班後，母親就在家照看兒子。她會在小柴可夫斯基大聲哭鬧的時候溫柔地哼唱俄羅斯民歌，哄著他進入甜蜜的夢鄉。黃昏時候，母親會讓小柴可夫斯基一邊玩著玩具，一邊等候著父親歸來。每當小柴可夫斯基聽到「噠噠、噠噠」的馬蹄聲的時候，便會手舞足蹈起來，彷彿在歡迎父親回家。有一次，父母發現年幼的柴可夫斯基能夠將在音樂會上聽來的旋律用鋼琴準確地彈奏出來，驚訝之餘，立刻送兒子去上正式的音樂課程⋯⋯

　　柴可夫斯基的父母在兒子還是個嬰兒的時候，就發現了他對於音樂有著天生的敏感，他們會在逗孩子玩樂的過程中有意識地培養孩子的節奏感。可以說，是他們將柴可夫斯基引上了音樂之路。這種一旦發現孩子的天賦就儘早培養的方法值得所有家長效仿。

　　引導孩子「自我發現」比家長刻意地提醒要重要得多。其實沒有真正的笨孩子，只有尚未發現自我優點的孩子。哪怕自己的孩子缺陷良多，家長也要以開朗陽光的心態去感染孩子，引導孩子領悟這個道理。

積極陽光，引導孩子發現自身的優點

然而，生活中有些家長對孩子的特長不屑一顧，只希望孩子將所有精力投注在學業上。所以下面這樣的現象屢屢發生：

孩子興沖沖地對媽媽說：「媽媽，這次體育比賽我又拿了第一名。」媽媽：「學科成績不好，體育考滿分有什麼用？」

「媽媽，老師說我跳舞很有天賦。」「現在正是讀書的關鍵時候，這學期你別學舞蹈了，我已經替你報了補習班。」

成績確實是決定孩子未來的重要因素，但卻不是唯一因素。家長若對孩子真正擅長的事情不重視，將孩子的優點扼殺在萌芽階段，很可能會推著孩子走上一條他們並不擅長也並不喜歡的人生道路，辜負了孩子對家長的信任。

當然，家長對孩子的賞識不要只停留在表面，「你很棒」、「你很不錯」等話語聽多了，孩子也覺得膩味。

事實證明，那些總將樂觀、陽光的一面展示給孩子的家長更容易培養出自信的孩子。所以，日常生活裡家長應該積極掙脫負面情緒的奴役，這對孩子而言意義重大。

家長可採用以下方法去引導孩子「自我發現」：

◆ 摒棄「橫向比較」，保護孩子的不同之處

在傳統的華人家庭教育裡，「別人家的孩子」是橫亙在孩子心頭一個沉重的陰影。與其將時間和精力花在別人家的孩子身上，倒不如把時間拿來發現、挖掘自家孩子的「不同之處」。一味要求孩子向同齡人看齊，無疑是在扼殺孩子身上那份珍貴的獨特性。

愛迪生小時候在老師眼裡是個調皮搗蛋的孩子。

有一次，學校買來了新玩具，他一時好奇，將這些玩具拆得零零碎

碎。等他觀察完玩具的內部構造時，卻發現自己無法將這些玩具拼裝回原樣。

老師一氣之下「請」來了愛迪生的母親，抱怨道：「請讓您的兒子改改愛拆東西的毛病吧！」愛迪生的母親先表示了歉意，然後鄭重其事道：「可能在您看來，愛拆東西是愛迪生的缺點，而在我看來這是他最獨特的地方。」

母親接著說道：「您叫他改掉這一點，那他不就變得和其他孩子一模一樣了嗎？」

在愛迪生的母親看來，喜歡拆東西正是好奇心強、動手能力強的展現，而這是她孩子最大的優點，從而成就了偉大的發明家愛迪生。家長也應向愛迪生的母親學習，要抱著欣賞的眼光去看待孩子。

◆ 鼓勵孩子在眾人前展示長處，並給孩子創造鍛鍊的機會

家長還應創造條件和機會，讓孩子透過鍛鍊將優點變成受益一生的特長。比如：孩子若對繪畫興趣濃厚、天資斐然，在條件允許的情況下，不妨讓孩子跟隨專業名師學習，充分挖掘孩子的潛力。也可以鼓勵孩子去參加繪畫比賽，或透過其他管道去展示優點。

◆ 別粗暴地否定孩子，做到因勢利導

大部分孩子都充滿了好奇心，腦子裡彷彿裝滿了「十萬個為什麼」，其實這正是孩子最可貴的地方。對於孩子喋喋不休的詢問，哪怕家長覺得幼稚、煩躁，也不要輕易拒絕。而應該第一時間回應孩子：「這個問題問得太棒了！」隨後耐心地向孩子做出解釋。

孩子一天天長大，也在一天天進步。家長的鼓勵、肯定、引導會讓孩子昂揚自信地走向未來。

「你不行」說得太多，孩子就會真不行

有一句話是這樣說的：「你說孩子是什麼樣的人，孩子就會成為什麼樣的人。」試想，一個心理健全的成年人，如果天天被人說「你不行」、「你真糟糕」、「你也太差勁了吧」……時間一長，再自信的人也會被打壓得銳氣全無。對於心理發育還未成熟的孩子來說，這更是一件無法承受的事情。

一位網友在知名論壇上發文稱：「我都三十好幾的人了，可是無論做什麼事都會被母親否定。無論是我的穿著打扮，還是人際交往間的態度措辭都會受到母親的挑剔……總之就是各種不對！母親喜歡不分場合地『教訓』我，甚至當著我女兒的面。我記得我小時候明明是個活潑開朗的孩子，後來卻變得越來越自卑、懦弱、害怕改變。」

隨後，網友說，她從母親錯誤的教育觀念裡吸取了經驗教訓，當她與女兒相處的時候，從來不會隨意打擊女兒。讓她欣慰的是，女兒極其活潑可愛，一如她當年的模樣……

教育孩子的過程中，千萬不要將「你不行」掛在嘴邊。家長說的次數越多，孩子的自信便流失得越快。一些家長之所以將「你不行」掛在嘴邊，原因有很多。比如說他們希望孩子成長為一個謙虛的人，希望孩子能養成自省的習慣，不要驕傲……

有的家長從小聽到最多的就是「你不行」，於是他們又將這種教育模式套用在自己的孩子身上，卻沒有想過這對孩子到底好不好。或者，因為家長們的工作環境中充滿了挖苦和否定，使得他們也養成了這樣一種思維習慣。於是，當他們面對孩子的時候，脫口便是：「你不行」。

這其實是一種「語言暴力」，這種教育方式只會對孩子的心靈造成不

第三章 完善的性格,是父母一點點給的

可磨滅的傷害。如果家長期盼著孩子能成長為一個優秀、聰明的人,就不要總是斥責孩子「笨」、「差勁」;如果家長想要孩子變成熱愛讀書的人,就不要在孩子伏案看書的時候,陰陽怪氣地嘲諷他:「你再怎麼努力都考不過別人,臨時抱佛腳有什麼用?」……

家長經常會問孩子:「長大後想要做什麼?」有的孩子腦子裡總裝著些天馬行空的想法,他們可能會回答說:「我想成為太空人,飛去火星。」面對這一類回答,有的家長會板起面孔說:「這是不可能的事情,你做不到的。」然後強迫孩子換個「接地氣」的夢想。孩子本來是對未來懷有美好的幻想,家長一句話卻磨滅了他們的自信心。一旦家長將「你不行」說得愈加頻繁,慢慢地,孩子也變得越來越不敢夢想、不敢嘗試。

常把「你不行」掛在嘴邊的家長不妨試著參考宋嘉澍(宋家三姐妹之父)的教育理念。他有六個子女,每一個孩子都在歷史上留下了濃墨重彩的一筆。而他本人,也被稱為「中國歷史上最厲害的父親」。

宋嘉澍幼年時對父母的刻板教育模式十分反感,等他長大成人有了自己的孩子後,他一改父母的教育模式,逐漸摸索出了一套科學的教育方法。

在日常生活中,宋嘉澍十分照顧孩子的情緒,經常領著孩子們去見識新鮮事物。他總對孩子們說:「天地之大就在腳下。」久而久之,幾個子女變得越來越自信,一直深信生活中根本不存在自己辦不到的事情。

他還經常向孩子們講述自己年輕時的冒險經歷,告訴他們:「對有膽識的人來說,天下無難事。」結果孩子們一個個成長為富有創新精神的棟梁之才。

來自家長的一個輕飄飄的「不」字,可能會變成壓垮孩子自信的最後一根稻草。有些孩子因此變得脆弱敏感、畏首畏尾;有些倔強的孩子心

中因此萌生了一顆叛逆的種子，他們處處和家長作對，公然挑戰家長的權威，相信沒有一個家長希望事情演變成這樣。

既然暗示的力量如此之大，家長若能將「你不行」改為「你真棒」、「我相信你可以」，用春風化雨式的言語撫慰孩子的心靈，引導孩子積極成長，孩子「長歪」的機率便會大大減少。除了「你不行」外，家長更不能對孩子說以下這些話：

◆「你再不聽話，我就不要你了。」

這一類威脅式的話語也許能在一時之間震懾住孩子，卻無疑會給孩子留下心理陰影。這類話說得越多，孩子的安全感就變得越來越稀薄。極其容易激發出孩子骨子裡自卑、敏感、脆弱的一面。

◆「你怎麼這麼煩人啊，誰會喜歡你。」

有些孩子確實很讓人頭痛，當家長被「折磨」得身心俱疲時，經常會用下上面這句話。其實，作為家長在面對孩子的時候要擁有更多的耐心和愛心。負氣的話說多了，只會讓孩子產生自己不招人喜歡的想法。有的孩子會因此變得更任性，有的孩子甚至連交際能力都會受到影響。

孩子將來發展的是否順利，相當程度上取決於家長的教育方式。有時候家長無心的一句話就會對孩子造成很大傷害，所以，家長千萬不要對孩子進行過多否定。

第三章　完善的性格，是父母一點點給的

孩子學不會獨立是教育的災難

　　有些孩子除了上學讀書之外，生活中的事一概不會做，連鞋帶都綁不好；有些孩子即使年紀很大了，仍需要家長餵食、清理……讓孩子學會獨立，是家長的責任。幼兒教育學家蒙特梭利曾說：「若不能獨立，也就談不上自由。任何教育活動，如果對幼兒教育有效，那它就必須幫助幼兒在獨立的道路上前進。」

　　羅斯福在孩子很小的時候，便對他們說：「依靠父母過寄生生活的人是可恥的。」生活中，他要求孩子自己的事自己做主，在不依靠別人的幫助下打理好個人事務。每逢孩子們遇到難題，羅斯福都會冷靜地退居一旁，僅做言語鼓勵，卻很少動手幫忙。

　　大兒子詹姆斯20歲時去歐洲旅行，臨歸前他看中了一匹好馬。詹姆斯一時衝動，用僅存的旅費將這匹馬買了下來。之後，他不得不打電報向父親求援。羅斯福卻硬著心腸回覆道：「你和你的馬游回來吧。」最後，詹姆斯只得賣掉馬，買了回程票。

　　二戰期間，二兒子艾略特一度猶豫著要不要親赴戰場。他帶著這個問題去問羅斯福，羅斯福皺著眉說道：「你該認清我是什麼樣的父親。從小到大，你們的事是你們自己的事，我從不干預。」一番思索之後，艾略特終於做出了選擇。他放棄了剛剛起步的事業，走入了陸軍部的大門……

　　所有孩子都將面臨一個艱難的「心理斷乳期」。按照兒童心理專家的研究，10歲至18歲之間的孩子總是夢想著成為獨立個體，他們迫切希望能夠從精神層面吸取到足夠的營養。

　　這時候，家長若採取管制式的教育，一味剝奪孩子的決策權，很容

易引發孩子的叛逆心理。所以正處於青春期的孩子經常會有兩種極端情緒的表現：一面膽小內向，缺乏獨自應對風浪的勇氣；一面又會將無法獨立做主的怨氣撒在家長身上。這其實是因為這個階段的孩子遇到了成長過程中的第二次叛逆期。

孩子的成長過程中有兩次叛逆期，第一次叛逆期一般發生在3歲左右的孩童身上，這一階段的孩子總會讓家長無比煩心。有的孩子動不動就會哭鬧，他們喜歡用高分貝的尖叫來反抗家長的管教；有的孩子面對家長的要求拖拖拉拉，或者堅決不做⋯⋯孩子之所以表現得這麼「不合作」，是因為他們心裡剛剛萌生出一顆獨立的種子。家長的過度保護對於他們而言相當于禁錮自由的枷鎖。但是家長太強大了，孩子們不知道怎樣與家長溝通，只會用這樣的方法來表達不滿。

對於強勢的家長，孩子往往選擇屈服於管教和指示，事事任由家長做主，這絕對不是一件令人高興的事情。此時，孩子的內心是壓抑的，繼續實行這樣的教育，他們只會一步步喪失獨立自主的能力，甚至變成一個「巨嬰」。孩子若不服管教，家長更要小心孩子會往行事暴躁、喜歡暴力對抗的方向發展。想要讓孩子快速成熟起來，家長一定要尊重孩子的「獨立宣言」。

有一天，麗琳因為感冒請假在家休息。

見她一臉虛弱的樣子，7歲的小兒子連忙替母親倒了一杯熱水。而這時麗琳脫口而出：「別碰熱水，小心燙傷！」兒子臉上立刻閃過一絲沮喪的表情。麗琳瞧在眼裡，靈機一動道：「替我拿顆感冒藥吧。」

兒子聽了，又開心了起來。只見他快速拿來了家用醫藥箱，翻出了一顆感冒藥，讓媽媽吃下了。過了一會兒，藥效發生了作用，麗琳只覺得頭昏腦脹。她告訴兒子自己想要睡會兒。兒子立刻跑進她的臥室，細

第三章　完善的性格，是父母一點點給的

心地替她鋪好床，扶著她躺下。

就在麗琳昏昏欲睡的時候，兒子替她捏起腳來。看兒子一副「小大人」的模樣，她心裡不由漫過一陣幸福感……

那麼，家長怎樣做才能讓孩子學會獨立呢？

◆ 適當示弱，請孩子幫忙

很多家長自嘲是操心的「老母雞」，總想將孩子呵護在翅膀下。可是有時候，家長若能放下身段依靠孩子一回，讓孩子感受到家長對他的依賴，對培養孩子獨立自主的性格有著極大的好處。

◆ 讓孩子每週都做一天「小管家」

這一天，孩子自己的事情自己做主。如果全家一起出去玩，讓孩子自主安排活動，比如看電影、吃飯、遊玩等，並引導孩子預算好花費。

◆ 給孩子說「不」的權利

孩子若對家長做出的安排表示拒絕，家長應耐心傾聽孩子的想法，再根據孩子的意見做出調整。這能讓孩子產生一種意願被受到尊重的感覺。

需要注意的是，孩子黏人並不意味著孩子不獨立。對家長的依戀感得到充分滿足的孩子，內心能夠獲得足夠的安全感，給孩子強大的內驅力，讓孩子自動脫離家長，走向獨立。給孩子足夠的陪伴，是讓孩子學會獨立的首要條件。

一顆勇敢的心不是說出來的

勇敢的孩子通常活潑開朗、敢拚敢闖，遇事沉著冷靜。但很多家長卻發現：自家孩子在家裡蹦蹦跳跳、活潑自信，可是在陌生人面前卻顯得扭扭捏捏，羞怯地躲在自己身後。這讓家長忍不住抱怨：「你怎麼這麼膽小？」

遊樂場裡，五歲的小穎正在玩樂高積木。身旁的一個小女生大方地向小穎自我介紹道：「我叫明明，我們能一起玩耍嗎？」小穎臉紅了，怯生生道：「好的。」

明明的媽媽笑著對小穎的爸爸說：「你家寶貝性格有點內向喲。」小穎爸爸聽了有些不高興，對女兒說：「小穎，說話聲音大一點！」小穎低著頭不說話。

過了一會兒，一個小男孩拿走了小穎的積木。爸爸皺起眉頭說道：「妳怎麼能讓別人把妳的玩具拿走？勇敢一點，趕快要回來！」小穎低著頭，淚水在眼眶裡打轉……

爸爸生氣地要求小穎膽子大一點，不但沒有產生良好的效果，反而讓小穎更加難過。當孩子在陌生人面前害羞時，家長一味地責罵並不能讓孩子鼓起勇氣好好和人交流，反而會讓孩子更加害怕陌生人，內心更加牴觸人際交往，慢慢地，孩子會朝著內向、孤僻的方向發展。

當孩子在人際交往中表現得過於內向、不夠自信的時候，很多家長經常會用以下幾種方式來口頭「教育」孩子：

- 打壓型鼓勵：「你要是能像其他小朋友一樣勇敢一點就好了」、「別怕，別的孩子做到了你怎麼就做不到呢」……這些話聽起來是鼓勵，卻帶著打壓的意味。

第三章　完善的性格，是父母一點點給的

■　強迫式說教：有些家長本意是想教孩子勇敢，可是話一說出口卻是咄咄逼人的指責。面對暴怒的家長，孩子表現得更加不知所措，更習慣於退縮。

言語能夠產生的效果並不如家長想像中的明顯。況且，多數家長的話語中往往帶著恨鐵不成鋼的意思，反而會讓孩子留下心理陰影。其實，孩子在公共場合、陌生人面前表現出害怕是很正常的情況，家長不要將這當作丟人的事情。而應該在平時多鼓勵孩子去大膽嘗試，幫其消除內心的恐懼。

有一次，宋嘉澍特意選了個雷電交加的日子，帶著宋慶齡去龍華（在今上海）。見龍華塔高聳入雲，屹立不倒，他對宋慶齡解釋起這座塔千年來不畏風雨的原因，還鼓勵宋慶齡和他一起，繞著寶塔比賽跑步。

宋慶齡當時有些膽小，心裡很害怕。但是見父親溫和的目光像「保護傘」一般緊緊籠罩著她，便大著膽子，冒著風雨跑起來。那天她和父親一起，足足跑了六圈，越跑越覺得心中暢快淋漓……

家長應做好榜樣，培養孩子擁有一顆勇敢的心。生活中，有些家長會拒絕在家長會上發言，討厭在大庭廣眾下表演節目、做演講。如果家長自己在人際交往中都表現得扭扭捏捏，卻一味地強迫孩子去做連自己也做不到的事情，恐怕效果不會很好。

那麼，為了讓孩子變得勇敢起來，家長具體應該怎麼做呢？

◆ 擴大孩子的交際範圍，帶他見世面

閱歷豐富、見多識廣的人往往擁有不俗的勇氣，孩子也是一樣。家長應該盡量幫助孩子擴大交際圈，帶他們見識不同的場合。比如說，家長可以帶著孩子參加親子聚會、朋友間的聚會等，孩子見的人多了，自

然懂得在不同的場合應如何禮貌應對。在這種環境中長大的孩子，往往不懼人、不懼事。

◆ 給孩子足夠的空間，讓孩子擁有「冒險」的自由

一味地把孩子關在家裡，孩子怎能學會勇敢？家長可以在一旁觀望和注視著孩子，讓他們積極嘗試新的領域，多些冒險的空間。比如說，多帶著孩子去野外踏青，而不僅僅將遊玩地點設定在人工遊樂場。當然，這樣做的前提是家長要提前計算好危險的機率，再三確認孩子始終處於安全的範圍內。

◆ 為孩子設定「突破瓶頸遊戲」

家長要學會給孩子設定一些有趣的障礙，用遊戲的方式提升孩子的自信。這既能幫助親子之間實現感情升溫，又能讓孩子的勇敢不停地「增長」。

比如說：一家人準備去某地旅遊，可以放手讓孩子制定最佳旅遊路線；家長想打聽某個人的近況，可以讓孩子幫忙去詢問等等。只是，這些小遊戲不宜太難。只因孩子一旦受挫，很容易沮喪。

◆ 不要對小傷小痛表現得大驚小怪

有很多家長容易被孩子的小傷小痛嚇住。家長若是對孩子的一些小傷痛過於緊張，甚至一驚一乍，只會加重孩子的心理負擔，讓孩子變得更加脆弱。其實，孩子在成長過程中難免會有些溝溝坎坎，家長應該讓他學會如何正確面對這些小挫折。

關於勇敢的教育，對家長和孩子而言都十分重要。在這個過程中，家長不能置身事外，要和孩子一起探索、學習和成長。

第三章　完善的性格，是父母一點點給的

世上沒有不懂感恩的成功者

　　生活中，這樣的場景屢見不鮮：爺爺奶奶背著書包，腳步蹣跚地跟在孩子身後；母親臥病在床，還不得不聽孩子抱怨為什麼家裡沒有準備好飯菜⋯⋯天下沒有不愛孩子的父母，可是有的家長卻施予了錯誤的愛。他們對孩子越是千依百順，孩子就變得越來越冷漠，不懂得感恩。沒有教會孩子感恩的家長，無疑是失職的。

　　泰國的一個短片曾引起無數觀眾的熱議，短片中的女孩與母親大吵一架後偷偷離家出走了。她在街頭閒逛了很久，聞到街頭麵攤傳出的香味，不由停住了腳步。見女孩可憐兮兮的樣子，老闆娘替她端來一碗麵。女孩狼吞虎嚥地吃完後，對老闆娘表達了心中的感激之情。

　　誰知老闆娘竟將她罵了一頓，說：「妳該感激的是妳的母親。」女孩幡然醒悟，她立刻跑回了家。母親看到她，不由面露喜色：「趕緊過來吃飯，飯都涼了⋯⋯」

　　女孩生活在母親無微不至的照顧中並不自知，卻能對別人給予的一點溫暖表現得感激涕零。這其實是很多孩子的真實寫照，這些孩子一味地向家長索取，當在某一件事情上得不到滿足時，便對家長生氣，甚至怨恨家長。

　　泡在蜜罐裡長大的孩子一旦受到了挫折，最容易被別人給予的小恩小惠打動心扉。然而，他們最容易忽視的卻是自己父母的恩情。

　　教會孩子感恩是家長義不容辭的責任。但是針對孩子進行的感恩教育不應流於形式。感恩教育的第一步是讓孩子學會感恩家長。大部分孩子之所以忽視家長的付出，是因為他們沒能與家長產生共情。缺乏共情

能力的孩子並不懂得何為關心家長，何為體諒大人。

大多數家長將孩子保護在「溫室」裡，雖然口頭上一味抱怨著「生活不容易」，但孩子其實對家長正在面對什麼、有多艱難並沒有具體的概念。家長一味地以孩子為中心，永遠把孩子的感受放在第一位，最後培養出來的卻是調皮搗蛋惹人厭的「屁孩」，長大了更變成「飼老鼠咬布袋」。

家長在對孩子有求必應的同時，孩子卻以為家長對他們一無所求，這種教育模式下長大的孩子很難懂得什麼是感恩。有時候，不妨做個「計較」的家長。孩子睡前忘了給你一個吻，不妨假裝生氣，假裝委屈；孩子忘了分一口好吃的給你，或者忘了你的一個小要求，不妨將「在意」寫在臉上……像這樣的小事，反而應該多計較一點。

藝真在接女兒朵朵放學的路上買了幾顆可口誘人的蘋果。她問孩子道：「朵朵，妳說這些蘋果該怎麼分配啊？」朵朵想了想，回答說：「青一點的蘋果給爸爸吃，因為爸爸說他喜歡吃酸的；媽媽妳就吃這個最小的蘋果，妳不是在減肥嗎？奶奶老說自己牙齒不好，就不給奶奶吃了……」藝真越聽心裡越不是滋味。

平時大家都很寵著朵朵，有好吃的都會找各種藉口讓給朵朵吃。她沒想到，朵朵完全沒有領會大人的用意。藝真嚴肅地對女兒說：「朵朵，奶奶最喜歡吃蘋果了，這個又大又甜的蘋果得給奶奶吃。妳人小胃口小，就吃這個小一點的蘋果吧！」

朵朵在分蘋果的時候並不是自私，她只是不知道平日裡家長們說的那些理由，都是為了把好吃的留給她所找的藉口，家長如果只對孩子默默無聞地付出，而不讓孩子知道，那麼孩子便容易忽視平日裡家長的好意，容易把一切都當做理所當然。

想要讓孩子學會感恩，家長應該這樣去做：

第三章　完善的性格，是父母一點點給的

◆ 帶孩子去自己的工作場所看看

家長可以讓孩子了解自己工作的性質，讓他們體會到賺錢的不易。孩子慢慢會明白家長的艱辛，理解家長付出的一切都不是理所當然的。也可利用母親節、父親節、重陽節等傳統節日來對孩子進行感恩教育。孩子若是送了你禮物，一定要當場對孩子表達謝意。孩子有了被需要的滿足感，就更願意去幫助別人。

◆ 讓孩子做家事，或帶孩子去當地敬老院等福利機構體驗

家長不妨引導孩子從力所能及的事情做起，為孩子創造回報的條件。比如說，將家中洗碗、掃地之類的家事都交給孩子去做。有些開明的家長還會將孩子帶去養老院等福利機構，讓孩子幫助老人們做一些力所能及的事情，用行動回報社會。

◆ 鼓勵孩子多參加集體活動

與集體相處融洽的孩子往往樂觀而開朗。當他們心中對集體、家庭的責任進一步加強時，才會懂得關愛他人，才能體會到奉獻的意義。

◆ 孩子有了吃「獨食」的想法時，第一時間拒絕

習慣吃「獨食」的孩子慢慢會養成自私的性格。他們會認為自己吃好吃的食物，占有好的資源是理所應當的事情。不懂得分享、不知道如何關愛他人的孩子也無法得到更多的愛。家長學會拒絕孩子這種行為，孩子才能漸漸學會付出自己的愛。

高爾基曾說：「愛孩子，這是母雞都會做的事情，但教育好孩子，卻是一門藝術。」懂得感恩的真諦對孩子而言意義重大，對家長而言也是一件極有成就感的事情。

世上沒有不懂感恩的成功者

　　在孩子嘗試著回饋家長、回報社會的過程中，家長要將讚揚掛在嘴邊。哪怕孩子做得不盡如人意，家長也要發自肺腑地感激他、稱讚他、肯定他，這是孩子前進動力的最大來源。

第三章　完善的性格，是父母一點點給的

勇於承擔的孩子最優秀

曾有一位媽媽無奈地說：「兒子有一次不小心把家裡的筆記型電腦摔壞了，誰知他一點內疚的表現都沒有。我說了他幾句，他竟然賭氣離家出走了。」

孩子毫無責任心怎麼辦？美國勵志演說家齊格拉曾說：「必須教育孩子懂得他們不同的一舉一動能產生不同的後果，那麼隨著時間的推移，孩子們一定會學得很有責任感的。」

有一次，齊格拉的兒子放學後並未按時回家，而是選擇和朋友一起出去玩。當他回到家中的時候，齊格拉正坐在客廳的沙發上。兒子向她解釋了晚歸的原因，齊格拉表示理解，隨後溫言道：「你應該提前跟我打招呼的。」

兒子嘟囔了一句：「我只比平時晚了半小時而已。」齊格拉道：「那麼你該將今晚玩耍的時間也縮短半小時，我們必須遵守時間安排。」

生活中，有些心軟的家長總認為孩子年紀還小，不該承擔那麼多。於是，他們一再遷就、妥協，換來的卻是孩子對家長底線的一再試探。

要知道，責任感的培養並不是一朝一夕的事，無論孩子多大，只要孩子犯了過錯，家長就應該像齊格拉一樣，讓孩子為自己的行為負責。

心智還未成熟的孩子很容易推卸責任。有關調查顯示，60% 以上的孩子有著不負責任的習慣。當然，這並不是因為他們天生道德品格敗壞，而是因為家長沒有及時的給予教育。

還有的家長過於嚴厲，導致孩子特別怕犯錯誤。孩子犯了錯誤後也不敢主動承認，生怕面臨可怕的懲罰。這時候，家長應該告訴孩子，勇

於承認並承擔錯誤是不會受到責備和懲罰的。

孩子頻頻撒謊，千方百計地尋求推卸責任、免於懲罰的方法，可能是因為他們內心缺乏信任感，家長並未給予他們足夠的關愛和理解。

家長粗暴的態度和情緒冷暴力，都是孩子內心不安定感的來源。這種環境下長大的孩子，潛意識裡總隱藏著這樣的想法：我要是承認了一定沒好果子吃。

為了不讓孩子形成這種畸形的人生觀，家長一定要給予孩子足夠的關心、信任和尊重，盡一切努力去點燃孩子心中那份勇於擔當的勇氣。要讓孩子意識到自己和家長在人格上是平等的，作為獨立的個體，自己完全有承擔責任的能力和義務。

某社區曾發生過這樣一件事情：一天傍晚，一個小男孩騎著腳踏車經過一輛豪華轎車。男孩一時走神，腳踏車便挨著轎車門疾馳而過。男孩驚出一身汗，他回頭一看，只見轎車車身被腳踏車刮了一條長痕。男孩猶豫片刻，騎著腳踏車「落荒而逃」了。

男孩回到家，一臉驚慌失措。見他魂不守舍的樣子，父親將他叫到房間詢問了起來。男孩將剛才發生的事情和盤托出，父親皺起了眉頭。只聽父親語重心長地說：「你怎麼能逃走呢？你應該留在那裡，等轎車主人出現後道歉，許諾人家一定會賠償損失。」

見兒子一臉愧疚的樣子，父親目光堅定道：「你應該第一時間告訴我的。現在我們就去找管理員，先查清楚那是誰的車。」

男孩無意刮傷了豪華轎車，當時並沒有人看見。但是這位父親卻讓男孩主動地去承認錯誤、擔負責任，讓男孩明白做錯了事情是不能逃避的。

家長在培養孩子責任感的時候，不能因為孩子犯了錯誤就嚴厲地指

第三章　完善的性格，是父母一點點給的

責孩子，這會讓孩子更加懼怕去承擔犯錯的後果。家長應該與孩子一起面對，在孩子逃避責任時及時制止。人只有承擔責任，才能走向社會，面向未來。

那麼在現實生活中，家長具體該怎麼做呢？

◆ 家長不要主動為孩子找藉口

有些孩子總是不能將一件事情從頭負責到尾；有的孩子對別人態度冷漠自私；還有的孩子一遇到困難就落荒而逃⋯⋯

面對孩子的這些表現，家長們卻不以為意，只是一再強調：「我家孩子年紀還小」、「小孩不懂事很正常」等等。家長若總是「包庇」自家孩子的行為，孩子永遠也長不大。

◆ 用名人或英雄事蹟喚起孩子的責任感

家長不妨多和孩子講講歷史英雄勇於擔當責任的故事，讓孩子在故事中成長。比如「負荊請罪」背後的故事等。

◆ 督促孩子履行曾許下的諾言

但凡孩子答應過別人的事情，家長應及時提醒孩子認真對待。千萬別將孩子的話當成「扮家家酒」，縱容孩子一再言而無信。

◆ 對於孩子的「告狀」應理性應對，不護短

曾有一個小女孩回家後指著自己被弄髒的新衣服對母親告狀說：「都怪她們，把我推到水坑裡，衣服才會被弄髒。」

母親並未被這話挑起情緒，待她弄清事情原委後對小女孩說：「如果妳不亂拿別人的東西，別人怎麼會把妳推入水坑呢？這件事你們都有責任。」

> 勇於承擔的孩子最優秀

　　作為家長,不要一味地偏袒自家孩子,更不能讓孩子養成怪罪別人的習慣。聽到孩子的告狀,家長應先將事情的原委調查清楚,點明自家孩子行為失當之處,再去追究責任。

　　孩子是否能夠成長為一個有責任感的人,家長的態度是關鍵。家長除了要發揮榜樣的作用,還應該將培育孩子的責任心當作一項長期任務,並持之以恆地實行下去。

第三章　完善的性格，是父母一點點給的

讓孩子愛上表達，勇於表達

　　生活中，一些媽媽為了逗孩子說話，經常會問孩子「肚子餓不餓，冷不冷」等簡單的問題。可是這種問答模式卻難以有效鍛鍊孩子的語言能力。家長不妨換一種方式，引導孩子主動交流。比如說：「我們今天吃些什麼呢？你有好的意見可以推薦給媽媽嗎？」

　　春日午後，媽媽帶著璐璐來到公園裡。媽媽對璐璐說：「春天來了，我們身邊的很多事物都悄悄地發生了變化。妳能發現有哪些變化嗎？」璐璐觀察了一會兒，奶聲奶氣地說道：「花都開了，好香啊！」見媽媽露出讚許的表情，璐璐越發興奮起來。

　　她指著不遠處的湖泊說：「冰都融化啦。還有小草變綠了，柳樹發芽了，大家都脫下了厚厚的衣服……」璐璐越說越流暢，找到的細節也越來越多。

　　這位母親用直觀形象的方法激發出璐璐的表達意願。在日常生活中，家長為了培養孩子的語言表達能力，不妨「就地取材」，時刻引導孩子去多看多說。

　　孩子的語言表達能力包括口語能力、發音能力和流暢、敏捷、精確地表達所思所想的能力。良好的語言表達能力對於孩子的大腦發育及思維邏輯的加強有著非凡的意義。

　　1歲多的孩子正處於牙牙學語的階段，家長從這時候開始就要有意識地訓練孩子的語言能力。從發出單聲直至孩子完整說出一句話的過程是無比漫長的，家長要保持耐心。

　　2到3歲之間的孩子大腦皮層中的語言中樞逐漸趨於成熟，家長一

定要利用好這個時期，多與孩子交談，保持「嘴不停歇」的狀態，幫助孩子提升詞彙量。

有些內向的孩子不善於表達，這與家庭的養育方式有關。比如說：有些老人帶大的孩子一般不愛表達自己，原因是孩子較少接觸外界環境，或家庭成員相對較少。內向雖然不是個缺點，但過於內向卻會對孩子之後的社交造成消極影響。

還要注意的是，家長千萬不要給孩子貼上「不會說話」的標籤。很多內向的孩子內心往往敏感又豐富，想法很多，他們只是不知道該如何表達而已。有些孩子之所以變得越來越不愛說話，可能是因為他們在這一方面受過挫折。這時候，家長應該進行反思：

有沒有在孩子說得興高采烈的時候，擺出一副不耐煩的表情？孩子說錯的時候，是否粗暴地打斷過他？有沒有嘲笑過孩子貧瘠的詞彙量乃至他的發音？

家長應該成為孩子最好的聽眾，始終和孩子進行平等的交流。那麼，家長在每天的生活中該做哪些具體的事情來提高孩子的語言表達能力呢？

◆ 和孩子一起聽歌唱歌

透過歌曲來讓孩子接受和掌握語言是一個好辦法。家長不妨隔一段時間就教孩子學會一首新歌，那些歌詞會隨著悅耳的旋律深深印入孩子的腦海裡。

◆ 不要讓孩子生活在單一的環境中，多帶孩子出去走動

表達能力出眾的孩子往往有著超出同齡人的知識面及不俗的見識，這都是家長平日有意識引導的結果。老是讓孩子待在同一個環境裡，會

對孩子的語言能力、學習能力產生負面影響。多帶孩子去動物園、博物館、海生館等地玩，能激發孩子的求知欲和表達欲。

◆ 幫助孩子養成閱讀的習慣

家長不妨讓孩子很小的時候就開始讀書，這會對他們的語言表達能力產生極大益處。從配有插圖的彩色繪本到以大段描述為主的文學類書籍，孩子的精神世界越發豐富，越能表達出充滿趣味的見解。

◆ 讓孩子從「爭吵」開始，愛上表達

有一類特殊的案例中，出現這樣的情況：無論家長怎麼誘導，都無法讓孩子打開心扉、坦誠相對地表達感情。面對這樣的孩子，普通的方法難以產生作用。家長不妨利用「吵架」來「疏通」孩子的情緒，激發孩子的表達欲望。

靜靜氣呼呼地對兒子說：「都怪你不收拾好玩具，害得媽媽跌了一跤。」只見小傢伙不服氣道：「之前我把玩具都收到櫃子裡去了，是媽媽妳自己拿出來給妹妹玩的，根本不怪我……」靜靜連忙道歉。她見兒子有理有據、條理清晰地表達出事件始末，不由心裡暗喜。

吵架並不可怕，可怕的是孩子受了委屈卻不敢言明。但凡對孩子成長能產生正面影響的方法，家長都可以適當地借鑑。當然，家長運用這一方法的時候要注意引導孩子的情緒，見好就收，千萬別「假戲真做」。

第四章
情緒控制,
彰顯孩子良好的教養

第四章　情緒控制，彰顯孩子良好的教養

方法總比困難多，讓孩子正確對待畏難情緒

孩子害怕做某件事情，或者對自己做的事情沒有信心；面對家長的要求總是能躲就躲，能藏就藏；哪怕對於喜歡做的事情，孩子一旦產生畏懼的情緒，便怎麼也做不好……長此以往，孩子很可能會變得懶惰起來，家長不讓做的，自己就不做。

遇到困難總是退縮或者一味地依賴他人，這樣的心理被稱為「畏難」。比如：孩子一遇到點小麻煩就馬上放棄，如果事情稍微有點難度就不會去嘗試。

有的孩子背課文的時候，還沒背兩句便紅了眼圈，之後將書一扔，說不想背、背不了。

有的孩子做作業的時候，最怕碰見數學習題，見了就要逃避。雖然在家長的引導下，也能全部做對，但還是悶悶不樂。

有的孩子上完鋼琴課回來後，哭得嗓子都啞了，反覆抱怨著鋼琴太難，自己不會。之後家長再怎麼督促，他都不肯去練習。

孩子為什麼會產生畏難情緒呢？

一方面是因為孩子對家長要求的事情不感興趣，缺乏主動性；另一方面與家長的「高要求、嚴標準」有關。如果孩子怎麼努力也達不到家長的要求，他們奮鬥的激情就會慢慢冷卻，挫敗感接踵而至。連成人都會因此質疑自己的能力，孩子更會不知所措。

有的家長習慣替孩子設定過難的任務，當孩子沒有達到要求，就會訓斥孩子笨、懶、膽小等。如此一來，孩子越發沮喪，更喪失了面對困難的信心。

> 方法總比困難多，讓孩子正確對待畏難情緒

喜歡溺愛孩子的家長也很容易培養出有畏難情緒的孩子。家長不願意孩子「為難」，漸漸地，孩子也會對家長產生嚴重的依賴心理，缺乏獨立思考的能力。

畏難情緒相當於一個危險的訊號，家長要處處留心。一旦發現孩子有這方面的表現，就要及時採取措施，幫助孩子度過成長的「危險期」。

想疏導孩子的畏難情緒，家長自己得對這天下事的難與易有清晰的認知，之後才能將正確的道理灌輸給他們。清朝學者彭端淑就是這樣做的。

彭端淑曾對自家子姪們反覆強調道：「這天下事有難易的區別嗎？去做，難的事情也會變得容易；不做，容易的事情也會變難的；去學，難的事情也會變得容易；不學，容易的也會變得難。」為了印證這個道理，彭端淑還說了一個故事。

有兩個和尚都想去南海朝聖。富和尚花了幾年的時間去準備，卻因畏懼海水滔天一直不敢出發。窮和尚做出決定之後就開始行動，僅憑一瓶水、一個缽，步行至南海。

彭端淑遵循著這樣的理念，培養出了很多優秀的子姪、門人。所以說，解決孩子畏難情緒的關鍵，在於家長和長輩的細心呵護和耐心引導，這能對孩子的一生產生舉足輕重的作用。

想要幫助孩子戰勝這種負面情緒，家長可以嘗試著從以下幾個方面做起：

◆ 從勵志故事中汲取「營養」

哪有不喜歡聽故事的孩子？家長講盡了大道理，效果卻不如一個故事來得明瞭。講故事的時候，家長要替孩子營造一個溫馨的氛圍，一邊向孩子娓娓道來，一邊和孩子討論。比如《愚公移山》、《精衛填海》等；或者西方童話中的《醜小鴨》、《阿里巴巴與四十大盜》等。

第四章　情緒控制，彰顯孩子良好的教養

◆ 及時安撫孩子的情緒

孩子遇到困難可能會苦惱、哭鬧，這時候如果家長一再逼著孩子迎難而上，孩子的情緒就會進一步崩潰。

正確的做法是立刻安撫孩子，給予孩子強而有力的支持。經驗豐富的家長除了會及時安慰孩子，還會利用種種小技巧去轉移孩子的心情。比如說：講一個小笑話、陪他們玩個遊戲等。

◆ 先將目標定低一點，再逐漸提高

比如說：有些孩子害怕數學，那就先鼓勵他們考及格就好。等孩子跳過了這道「坎」，再將要求步步提升為 70 分、80 分、90 分。而不是一開始就要求孩子考滿分，應該讓孩子有個適應的過程。

◆ 跟孩子說說自己曾經失敗的經歷

家長可以和孩子談談自己小時候害怕的事情或年輕時候失敗的經歷，向孩子描述一下自己的感受和情緒。著重談談自己是如何走出失敗的陰影的。這其實是在告訴孩子：失敗並不可怕。而這些都會成為孩子將來面對失敗的信心和經驗。

美國心理學家卡爾‧羅傑斯曾提出無條件積極關注。這對家庭教育的重大意義在於，讓孩子時時刻刻都能感受到家長的愛，這樣能促進孩子健康成長。無條件積極關注是在提醒家長，哪怕孩子自身行為不理想，也不要放棄對孩子的關注、尊重和理解。

畏難情緒會讓孩子習慣性地否定自己，而家長的無條件關注卻能給孩子帶來莫大的鼓勵。只要家長足夠用心，孩子便會慢慢成長為一個積極面對困難的人。

不暴躁，無論多有理也不能出口傷人

　　孩子不顧旁人、不講道理地哭鬧、尖叫，尤其在公共場所，讓一旁的家長實在無地自容。這種情況下不應該把一切責任都推給孩子年齡還小、不懂得控制情緒。家長應該想想自己的脾氣是否夠好？一位知名諮商心理師說：「情緒善變的孩子，可能是他們有著情緒起伏不定的養育者。」家長幫孩子處理情緒的前提是自己要有穩定的情緒承受力。

　　中國鋼琴家郎朗的父親曾回憶起自己早年陪兒子練琴時的場景，他說：「孩子小時候學琴基本靠哄。8歲開始，有時耍賴，我控制不住情緒會罵他，孩子也用大喊大叫來抵制我。時間一長，父子倆爭執得越來越猛烈。我便想，不行啊，這樣下去會成為仇人的……」

　　於是，郎朗父親開始反思問題到底出在哪裡。郎朗的鋼琴老師委婉地告訴他：「孩子的情緒其實是一種自我保護。」郎朗父親不由感慨道：「原來想要教好孩子學琴，我先要管理好自己的情緒……」

　　有的家長在教育孩子的過程中，很容易陷入一種錯誤的模式。家長勞心勞力，脾氣變得越來越壞。孩子受到來自親人壞情緒的波及，也變得尖銳偏激起來。所以說，孩子如果脾氣暴躁，家長應該反思，孩子的暴脾氣會不會是繼承於自己。

　　家長在抱怨孩子不懂事之前，要先照顧好自己的情緒，別讓自己變成一個陰晴不定的父親和一個暴跳如雷的母親。在斥責孩子出口傷人之前，先做到不任意用言語謾罵孩子。

　　除了家長的「言傳身教」會讓孩子繼承暴躁的情緒以外，家長的「言行不一」、承諾好的事情老是做不到，也會讓孩子動不動就發脾氣，變得

第四章 情緒控制，彰顯孩子良好的教養

越來越任性。

孩子再小也別輕易騙他們。家長如果屢屢失信於孩子，相當於在孩子的人生道路中埋下了一顆「地雷」。等到有一天，孩子習慣性用一些充滿恨意的話語來表達失望的情緒，或者粗暴地對待家長的時候，一切都追悔莫及。

浩浩過生日前，爸爸來到他的房間，問他想要什麼禮物。浩浩卻冷冷說道：「我想要的你買不起。」爸爸聽後氣不打一處來，「你是什麼意思？敢頂嘴了？」

這句話像是點燃了一個「炸藥桶」，浩浩將書桌上的一疊書扔到地上。看著兒子委屈得雙眼閃著淚光，爸爸說：「我記得你以前是一個乖巧聽話的孩子啊……」浩浩冷冷地說：「那是因為我傻，老是傻乎乎地相信你的話。前年過生日，你答應了要帶我去吃海鮮大餐慶祝，結果當天你說你要加班。去年你說要買新的太空模型給我當生日禮物，結果你將這件事忘得乾乾淨淨……」

美國教育專家珍妮‧艾里姆說：「孩子的身上存在缺點並不可怕，可怕的是作為孩子人生領路人的父母缺乏正確的家教觀念和教子方法。」

家長以身作則、言行如一，並控制好自己的情緒，可以為孩子樹立一個好榜樣。家長如果只想著「以暴制暴」，孩子只會變得越發獨斷專行起來。

為了幫助孩子減少或停止發脾氣，並學會適當地表達自己的意願，家長具體可以這樣做：

◆ 和孩子談心，了解孩子鬧情緒背後的原因

孩子大喊大叫、頂嘴、發脾氣總是有原因的，家長不妨將孩子拉到一邊溝通，說說心理話，而不是粗暴地訓斥。

> 不暴躁，無論多有理也不能出口傷人

◆ 用一些小遊戲代替粗暴的體罰

這些小遊戲其實指的是一種科學訓導的方式。比如說：家長可以記錄下孩子發脾氣的頻率，跟孩子約定好，超過幾次就取消某項「福利」。家長要在日常生活中就替孩子立規矩，而不是在孩子不聽話時一味體罰孩子。

◆ 找孩子信任的、有威信的人來「鎮場」

媽媽若性格軟，約束不了孩子，那就去搬救兵來鎮場。比如一向嚴肅的爺爺或者爸爸等。這樣，孩子比較容易服從管教。

◆ 在孩子暴跳如雷的當下，選擇冷處理

有些孩子一氣之下也許會口不擇言，若是家長不依不饒地和孩子計較，只會將彼此的關係越推越遠，不妨選擇冷處理。當孩子冷靜下來後，自然會感到自己當時的情緒過於激烈，甚至會感到愧疚。另一種情況是，孩子發脾氣的同時其實也在偷偷觀察家長的反應，這時候家長若不理不睬，孩子反而會覺得無趣。

◆ 孩子及時控制住脾氣後，不要「吝嗇」讚揚

孩子表現得好，家長要及時讚揚他們、鼓勵他們，以此來鞏固、強化孩子的適宜行為。

家長千萬別認為孩子愛發脾氣是天生的。透過後天環境的培養和大人有意識的訓導，孩子會逐漸掌握控制情緒的能力。當然，對於不同性格的孩子不妨採取不同的親子互動方式，循序漸進地改善親子關係。

第四章 情緒控制，彰顯孩子良好的教養

不自卑，每個孩子都有自己的長處和短處

孩子不喜歡說話，尤其不願意和同齡人交流；孩子不願意參加互動遊戲或是一些比賽，就算有問題也不敢舉手提問；別人的一句玩笑就能引起孩子的恐慌，孩子自己也不敢和別人開玩笑；孩子沒有自己的主見和想法，再小的事情也希望家長做主……

生活中，如果孩子有了這些表現，家長一定要重視。因為孩子已經遇到了成長路途中最大的「攔路虎」──自卑。

室內遊樂場裡，莉莉一個人蹲在角落裡發呆。媽媽一邊打電話，一邊看著她。只聽媽媽喋喋不休地跟爸爸抱怨說：「你自己女兒的個性你還不清楚？她太膽小了，根本不願意和其他小朋友一起玩。」一旁的莉莉看了媽媽一眼，將頭深深地低了下去。

掛掉電話後，媽媽對莉莉說道：「莉莉，去和別的小朋友玩會兒吧。」莉莉搖了搖頭。媽媽看了看四周，無奈地說：「妳看那些小朋友又會唱歌，又會跳舞，說話又甜，妳要多和她們在一起玩，也許就能變得像她們一樣了呢？」莉莉小聲道：「我不想去。」

媽媽皺起眉頭說：「說話聲音大一點，像蚊子哼哼似的。」聽到媽媽的話後，莉莉眼眶裡蓄滿了淚水……

案例中媽媽並不了解莉莉實際上並不是膽小，而是正處於深深的自卑中。孩子自卑往往有著各式各樣的原因，但這些原因大多與家庭息息相關。

有的是因為家長教育不當，動不動就對孩子「橫挑鼻子豎挑眼」。在這種氛圍中長大的孩子，往往無法正確了解自己的能力。久而久之，孩子的長處隱藏了起來，短處卻日益突出。

有的是因為孩子成績不好，接收到的幾乎都是負面評價，或者身體

> 不自卑，每個孩子都有自己的長處和短處

不好，遭受到了同學的歧視，慢慢就會變得非常自卑。一些爭強好勝的孩子若在競爭中遭受到了挫折，留下了心理創傷，性格中自卑的一面便慢慢顯現出來。

家長要給孩子成長的機會。哪怕孩子身上缺點多多，家長也要「獨具慧眼」，幫助孩子挖掘身上的優點和潛力。來自最親的人的肯定與信任，對孩子而言意義非凡。這是孩子建立自信的第一步。

家長在教育孩子的時候，首要的任務就是讓孩子正確對待他人的評價和期望。

孩子的世界如此單純，若接收到的正能量多於負能量，他們在成長的過程中便會朝著自信、開朗、陽光的方向前進。反之，孩子便始終無法掙脫自卑的陰影。家長要儘早給孩子打「心理預防針」，告訴孩子，無論別人對他的看法如何，都不能決定他未來會成為一個什麼樣的人。

小男孩從小說話結結巴巴。同伴們總是擺出滑稽的表情，學他說話的樣子。漸漸的，小男孩越來越不愛說話了。

有一次，小男孩在餐廳裡點了一份三明治，可是服務生卻替他上了兩份三明治。兒子結結巴巴地解釋起來，在瞥見服務生臉上玩味的表情後，他瞬間閉了嘴。

母親將這一切看在眼裡，她笑著對他說：「別在意別人說什麼。你有點口吃，正說明你聰明愛動腦，而你的舌頭總是跟不上你聰明的腦袋瓜罷了。」

在母親無微不至的關懷和鼓勵下，小男孩逐漸變得陽光起來。他再不懼於在眾人面前說話，反而愛上了演講。

這個小男孩正是傑克·威爾許。長大後，他成為美國奇異公司的董事長。威爾許一直說，自己的自信心正是得益於母親的鼓勵，這堪稱母

第四章　情緒控制，彰顯孩子良好的教養

親送給他的最珍貴的禮物。

家長與其對孩子的缺點耿耿於懷，倒不如針對孩子的優勢「大做文章」，如此才能幫助孩子逐步消除自卑心理。具體的策略如下：

◆ 不要總和孩子說成績，多和孩子談天說地

很多家長與孩子談論的話題總是圍繞著孩子的成績打轉。孩子一回家，第一句話就是：「今天又闖什麼禍了？」「好好讀書，別讓我發現你在偷懶！」……孩子本來高高興興回家，聽到家長這樣說話，立刻就不開心了。長此以往，孩子會變得不相信自己的能力，越來越自卑，拒絕與家長交流溝通。平時多和孩子聊一些正面的、有趣的話題，這樣可以讓家長及時了解孩子的心理狀態，孩子也能透過這種交流增長視野。

◆ 從說話音量、走路姿勢入手，改變孩子的心態

不自信的孩子說話往往吞吞吐吐，不夠大聲。他們的眼神向來不敢直視別人，走起路來也是鬆鬆垮垮。家長要耐著性子，反覆矯正孩子說話的方式和走路的姿勢。直到孩子說起話來自信堅定，走起路來昂首挺胸。

◆ 幫助孩子建立一個「成功檔案」

為了讓孩子多一點成功的體驗感，家長應該將孩子每一次小小的進步、每一次正面的表現都記錄下來。這個過程中，自卑會被趕跑。更重要的是，家長可以多帶孩子重溫過往的成功，用來驅趕他們內心深處不自信的陰影。

◆ 不妨採取「逆向比較法」

有些家長在訴說其他孩子優點的時候，還會順帶著將自家孩子的缺點批評一通。孩子的優點也會在這種比較中變得黯淡無光，進而讓孩子

> 不自卑，每個孩子都有自己的長處和短處

慢慢走向自卑。其實家長不妨採用逆向思維，將別人家孩子的缺點與自家孩子的優點作比較，讓孩子掙脫「羨人之長，羞己之短」的負面心理。

　　如何做個好家長？最簡單的方法就是「蹲下來」，站在孩子的角度上去看事情、去思考問題。不要總認為孩子的看法幼稚、孩子的期盼不重要。家長要始終以欣賞的目光去看待孩子，並積極引導孩子正確認識自己的長處和短處。

> 第四章　情緒控制，彰顯孩子良好的教養

不衝動不急躁，教孩子有耐心地面對一切

　　沒有耐心的孩子在玩遊戲的時候抓抓這個，看看那個，做什麼都是有始無終、三分鐘熱度。家長不免煩惱：「我替你報了鋼琴、美術、長笛各種才藝班，怎麼你一個都堅持不下去呢？」

　　有的孩子一旦發現自己的要求沒有得到滿足，就很容易失控地尖叫、大哭。家長要想改正孩子的這種表現，就要先克服自己身上衝動與急躁的情緒。

　　媽媽騎著腳踏車載著歡歡過馬路。紅燈亮了，媽媽停下來，煩躁不堪地抱怨道：「這條路紅燈也太多了吧。」歡歡摸著飢腸轆轆的肚子，問媽媽道：「媽媽，我餓了，想吃巧克力。」媽媽不耐煩地從包裡掏出一包巧克力，撕開包裝紙，掰了一塊遞給歡歡。歡歡津津有味地吃著。

　　綠燈亮了，媽媽騎上車就走。歡歡手上的巧克力還剩下大半，緊緊地攥著，不停地說：「媽媽，等我吃完嘛！」媽媽急了：「吃什麼吃，趕快走！」歡歡卻鬧了起來：「不嘛不嘛，我現在就要吃！」

　　媽媽把車子停在路邊，平復自己急躁的情緒，慢慢地跟歡歡說：「媽媽剛才為了早點回家，太著急了。媽媽騎著車過馬路的時候需要注意來往的車輛，要不然會很危險。這裡不適合吃東西，等媽媽帶著你回家後，你就可以安心地吃巧克力了。」歡歡聽了之後，不鬧著吃巧克力了，乖乖地跟著媽媽過馬路。

　　家長想要孩子能夠保持耐心的前提是自己也不要隨便對孩子發脾氣，不該被孩子的情緒所影響。

　　面對孩子的急躁，家長應該循循善誘，千萬不要太過於強勢和衝動，否則只會產生反效果。日常生活中，家長要始終保持平和、正面的

心態，不斷提升自身的修養，不斷加強自我克制的能力。

隨著社會節奏不斷加快，一些白領家長已經將催促孩子快一點變成了一個口頭禪。孩子稍微慢一點，家長就會破口大罵、火冒三丈。

可是家長卻沒有意識到，孩子的世界與大人截然不同。大人從起床穿衣到盥洗完畢也許要不了十分鐘，而孩子可能需要花費半小時才能完成這些事情。所以，家長一定要對孩子多點理解。

孩子耐心不夠，是有科學解釋的。3到4歲的孩子正處於一個「怪毛病」層出不窮的特殊階段。首先，這一階段的孩子內心十分敏感，通常表現為情緒多變，喜歡哭鬧。

在家長看來，孩子這般任性不講理，顯得很「自私」。家長的管教經常能引來孩子劇烈地反抗，就在這一場場「拉鋸戰」中，家長和孩子互不相讓，耗盡了彼此的耐心。

家長若忽略了這一時期的「耐心教育」，隨著孩子漸漸長大，沒有耐心、遇事衝動急躁會成為他性格中最大的缺陷。孩子也從此被負面情緒所綁架。

網路上曾有一篇父親吐槽孩子寫作業的文章引來了網友的熱議，那位父親是這樣說的：「陪兒子寫作業到五年級，然後心肌梗塞住院了，做了兩個支架。想來想去命重要，作業什麼的就順其自然吧。」原來孩子在書桌前總是坐不住，還沒寫幾分鐘就恍神了。

這位父親總是連吼帶罵，每一次都被氣得心口痛。就這樣鬧騰了幾年下來，父親徹底失去了耐心，而孩子最後也沒能端正態度，依舊是一坐到書桌前就煩躁無比……

這位父親如今才想到要「順其自然」，當初他若能以這種平和的態度去教育孩子，也不會釀成今天的苦果。「耐心教育」一定要趁早，從幼

第四章　情緒控制，彰顯孩子良好的教養

兒期開始就有意識地去引導孩子進行自我控制，讓孩子形成這樣一個根深蒂固的印象：耐心等待是容易的事情。

家長可以嘗試著運用以下幾個小竅門來讓自己的孩子變得更有耐心：

◆ 自言自語法

讓孩子小聲地將遊戲規則和目標說給自己聽，能夠幫助孩子平復急躁的情緒，調整失當的行為。家長平時應該將這個方法教給孩子，讓家長沒有陪伴在身邊的時候，孩子也能夠自我調整情緒。比如說，孩子在心裡對自己說：「別急，下一個才是我。」「先數 60 秒。」……這個小竅門會讓孩子的情緒調整能力逐漸加強。

◆ 孩子等待時，和他們玩一些小遊戲

孩子不耐煩的時候，家長可以運用各種小遊戲將孩子的注意力轉移到他們感興趣的事情上去。比如說：鼓勵他們背一首古詩，唱一首兒歌。

有些經驗豐富的家長會在這個時候和孩子玩「猜猜看」的遊戲。讓孩子選出一個東西，再描述它的樣子，家長透過孩子的描述猜它是什麼。還有的家長會讓孩子從周圍的環境中找出一些有特殊特徵的事物，比如說，在有字的牆上讓孩子找出自己能夠認出的字等等。

玩這些小遊戲的目的是為了轉移孩子等待時那種不愉快的體驗，讓他們覺得等待也可以是一件充滿樂趣的事情。久而久之，孩子的耐性便逐漸提高。

擋在孩子和家長面前的是同一座大山，它叫做「衝動、急躁的情緒」。動不動就對孩子發火的家長，也是改造對象之一。所以，家長應和孩子站在同一陣線上，一起努力，直至最終戰勝這種負面情緒，成為更有耐心的人。

遇事從容，做一個不焦慮的孩子

「媽媽，我心情不好。」

「你小小年紀知道什麼是心情不好嗎？」

「媽媽，朋友都不和我玩了。」

「這有什麼大不了的？去旁邊玩，很快你又活蹦亂跳了。」

……

這樣的對話在很多家庭中時時上演。孩子都是無憂無慮的嗎？孩子的情緒，是否真的不值一提？當然不是。其實，孩子的憂慮是切實存在的。只是因為有些家長一味地站在大人的視角去俯視孩子的世界，想當然地以為孩子都應該是快樂的。

大人們不得不為賺錢養家而奔波不停，瑣碎的家務事、兒女的教育問題讓家長們忙得焦頭爛額。孩子雖然不需要承擔這些，但孩子也有孩子的煩惱。

孩子的心結若無法解決，會越積越多，就會和家長一樣，患上名為「焦慮」的情緒病。當孩子產生憂慮的時候，就需要家長及時介入，為孩子提供科學的疏導和幫助。

孩子到底在憂慮些什麼？孩子的憂慮跟他們年齡和所處環境的改變有關。處於嬰幼兒階段的孩子在與媽媽分離之後，往往會歇斯底里地大哭大鬧，大人們怎麼哄都無用。

這其實是「分離焦慮」惹的禍。分離焦慮常常發生在學齡前兒童身上，它指的是孩子與最親近的人分開時產生的一種焦躁不安的情緒反應。

第四章　情緒控制，彰顯孩子良好的教養

等孩子到了青春期時，他們一般擔心的問題都與讀書、考試有關，包括自身生理、心理的變化，與朋友之間的相處等。再大一些的孩子開始為學校裡、社會上的一些負面新聞憂心忡忡。隨著孩子視野的開闊，他們焦慮的問題會變得複雜起來。

為了幫助孩子克服焦慮情緒，家長要嘗試去做以下幾件事：

◆ 讓自家孩子多與同齡小朋友接觸

等孩子一歲的時候，家長不妨增加孩子與同齡兒童接觸、玩耍的機率，比如多帶孩子去遊樂園等地方。

◆ 隨著孩子漸漸長大，增加和孩子短暫分離的次數

當然，前提是要確保安全。比如說帶孩子去奶奶家後，家長先躲起來，觀察孩子的反應。這都是消除孩子分離焦慮的辦法。

◆ 對孩子的日常表現出濃厚的興趣

這能讓孩子產生受重視、被支持的感覺。當孩子沉浸在痛苦中時，家長應默默陪伴在一邊，這能讓孩子對戰勝困難產生篤定感。

◆ 對孩子說：「我們一起解決問題。」

孩子若對某件事感到焦慮，家長不妨引導並幫助孩子找出問題的答案。明智的家長會遏制住直接幫孩子處理問題的衝動，為孩子好好剖析問題的實質，跟孩子一起制定解決方案。

◆ 確保孩子的睡眠，別給孩子過度施壓

孩子情緒出現反常的時候，家長再貿然給孩子增添壓力，無疑會加劇孩子的焦慮情緒。告訴孩子要用平和的心態應付來自生活、課業中的

壓力,同時保證孩子有充足的睡眠。閒暇時候,帶著孩子做一些戶外活動,紓解孩子壓抑的心理。

牛牛的爸爸發現兒子這段時間總是悶悶不樂的,連吃飯的時候都在嘆氣。

一天晚上,爸爸拉著牛牛坐在沙發上談心。爸爸一番旁敲側擊,才弄清事情的原委。原來牛牛和同桌鬧彆扭了,同桌便聯合其他小朋友將牛牛孤立了起來。

爸爸下意識地想要向學校老師打「小報告」,或者聯絡同桌的家長「告狀」。但他還是壓下了這份衝動。爸爸和牛牛討論了一晚上,終於得出了一個解決方案。第二天放學回家的時候,牛牛興高采烈地說:「爸爸,我們的方法起效果啦!您說的對,之前的事是我不對。我早上一到教室就去和慶慶道了歉,我們和好啦!然後慶慶和大家也都向我道了歉……」

「最好的教育其實是父母的言傳身教。」家長若是一遇到壓力就情緒崩潰,或者只能看到生活中陰暗的一面,孩子就更無法從容起來。

孩子焦慮時,如果家長不斷嘲諷、嘮叨,只會讓孩子感到越來越壓抑。溫馨的陪伴、無條件地支持能讓孩子緊繃的情緒鬆弛下來。家長應該要有意識地向孩子強化正能量,多和孩子討論開心的事情,積極引導孩子分享過往的成功體驗。

第四章　情緒控制，彰顯孩子良好的教養

當孩子開始嫉妒時，讀懂背後的祕密

孩子經常陰陽怪氣地提起自己的同齡人，或無故批評、嘲諷對方的言行舉止；家長若是誇獎別的小朋友，孩子會站起來不服氣地說：「有什麼了不起的，我也會啊！」……如果孩子生出如此反常的表現，家長就要開始警覺了：孩子是否開始有了嫉妒心理。

媽媽正和四歲的巧巧在院子裡玩遊戲，鄰居家的萌萌跑過來找巧巧玩。媽媽看萌萌十分可愛，便一直和萌萌說話，不停地誇獎她。

這個時候，巧巧卻在一旁搗起亂來。巧巧一會兒踢翻院子裡的凳子，一會兒拔起媽媽種的花，還抓起一把沙子灑向萌萌。

媽媽見到這個情況趕緊跟萌萌道歉，並狠狠地責備了巧巧。巧巧大哭起來，拉著媽媽的手，說：「別再和她說話了。」

嫉妒與羨慕往往只有一線之隔，家長應如何判斷？比如說：孩子若見到別人的小花裙很漂亮，對媽媽說希望自己也能擁有一件，這是羨慕的心態；但孩子若總是質疑為什麼對方有，自己卻沒有，並用種種方法逼迫家長買一件給自己時，這就是嫉妒。

孩子的嫉妒情緒一般與媽媽有關。兩三歲的孩子若是見到了媽媽和別人家的孩子互動親暱，會立刻跑過去，要求媽媽抱起自己。雖說這種情緒反應很正常，但家長若是忽略了合理引導，孩子漸漸地就會採取一些過激行為來發洩嫉妒情緒。

和成人不同，孩子的嫉妒具有外露性，有時還帶著攻擊性和破壞性。比如說：粗暴地拉開與媽媽親暱的同齡孩子，推、抓對方；想要將別人的小花裙弄壞、弄髒……

當孩子開始嫉妒時，讀懂背後的祕密

導致孩子嫉妒心強的原因有很多，比如：家長反覆在孩子面前描述自己欣賞的孩子有多優秀，多討人喜歡，孩子便會因不服氣而產生嫉妒；孩子成長的環境中若充滿了猜忌、攀比、互相看不起的氛圍，也會在無形中加重孩子的嫉妒心理……

處於青春期的孩子面臨著來自生理、心理的多重挑戰，再加上繁重的課業、複雜的家庭關係，導致他們的心理負擔極其嚴重。與此同時，孩子大腦的神經機制還未發育完全，自我調節能力普遍較差，心態很容易因外界的壓力和刺激而失衡。

有時候，外界不恰當的評論也會讓孩子產生嫉妒之心。比如說：家長對別的孩子的優點誇大其詞，卻拿著放大鏡去看自家孩子的缺點；老師一味以成績高低去評判孩子是否優秀，長大後是否有出息；同學之間以訛傳訛，不正確的比較等。

有些孩子因為不自信而有了嫉妒的情緒。另一些孩子能力較強，總是受到讚揚和肯定，無形中追逐起完美來，如果哪一次沒受到想像中的「重視」與「關注」，內心就會變得不平衡。

家長得確保自己的心態平穩，同時讓孩子明白：父母對孩子的愛是無任何附加條件的。家長給孩子足夠多的安全感，孩子自然能健康、愉快地成長。

中國童話大王鄭淵潔曾為自己的孩子寫了一篇童話故事〈父與子〉。文中，他這樣寫道：「我的兒子是一頭小豬，這就足夠了。我不羨慕別人的猛虎兒子，也不嫉妒人家的千里馬兒子，這個世界上絕了哪種生命形式都會導致地球毀滅。」

他的兒子鄭亞旗的第一份工作是在超市打零工，儘管如此，鄭淵潔卻一直在鼓勵孩子。而鄭亞旗也努力工作，沒有任何尷尬和不快。後來

第四章　情緒控制，彰顯孩子良好的教養

他又進入了一家電腦公司，從最底層的員工做起，兢兢業業，一路做到技術總監，沒過幾年又成立了自己的公司，將事業經營得蒸蒸日上……

鄭淵潔一直保持著良好的心態，從不把兒子跟別人家的孩子作比較。實行鼓勵策略，讓兒子健康快樂地成長。要想糾正孩子的嫉妒心理，家長就要為孩子營造溫暖包容的家庭氛圍。同時得多多稱讚孩子，但不能過分誇大孩子的優點，應客觀理性。

針對已經產生嫉妒心理的孩子，最好將表揚與批評結合起來。對孩子的進步給予表揚，同時指出孩子的不足之處，以免孩子因過於驕傲而產生「不許別人超越自己」的心理。

孩子若是對別人取得的成績心懷不滿，家長可以用情景扮演或者講故事的方式跟孩子講講別的孩子是怎麼取得成功的，平日又是怎樣努力的。讓孩子對別人付出的過程重視起來。

家長還可以將孩子的注意力轉移到其他活動上來，比如繪畫、象棋等。或者和孩子一起玩競技類的遊戲，如果孩子輸了，利用這個機會告訴孩子「勝敗乃兵家常事」的道理。

很多計劃生第二胎的家長還煩惱於這樣一個問題：害怕大寶會產生嫉妒之心。有些家長認為只要在兩個孩子間保持平衡就能解決這個問題。但這種做法往往會引起兩個孩子的不滿，都認為家長對自己不公平，結果嫉妒之火越燒越旺。

處於不同年齡層的孩子渴望的東西截然不同，擁有的權利和責任也不一樣。大寶可能需要更多獨立的時間，拿對幼兒的那一套去對待大寶，明顯不合適。況且，每個孩子都有著不同的性格，家長的「一視同仁」，其實是一種懶惰的表現。

> 當孩子開始嫉妒時,讀懂背後的祕密

　　家長要做的,是了解自家孩子的內心渴求,正確地去關愛他們。家長想要降低大寶的嫉妒心,就不要在迎接二寶來臨時,在大寶面前顯得太激動和隆重,應用平靜的語氣告訴大寶,小寶寶出生後會有很多麻煩,鄭重地拜託大寶以後幫助家長分擔。

　　千萬不要在孩子面前說這種話:「你太頑皮了,你看妹妹多乖」、「你看哥哥成績多好,你該向他學習」……這反而會增長孩子間的嫉妒心,惡化他們之間的關係。

　　在孩子成長的過程中,嫉妒是一個不容忽視的問題,家長要耐心地幫助孩子走出負面情緒的陰影。

第四章　情緒控制，彰顯孩子良好的教養

不敏感，讓內心變得強大起來

　　孩子過早地「懂事」，習慣了說話前先察言觀色；別人的評價往往能將孩子打擊得崩潰大哭；寫作業慢慢騰騰，生怕字跡不工整或寫錯了挨罵……這些都是孩子脆弱敏感的表現。如何才能讓孩子內心強大起來？

　　倩倩的女兒今年7歲了，她總覺得女兒有點兒「玻璃心」。

　　女兒平時總會因為同學的一句玩笑話大哭起來，動不動就和朋友絕交。在家裡的時候，就算女兒做錯了事，家裡的大人也不敢輕易批評她，一說她不對，她就傷心地掉眼淚。

　　直到現在，倩倩還記得女兒發生在幼稚園時候的一件事情，那天女兒尿褲子了，卻一直不敢告訴老師，直到放學回家，一進門就大哭，弄得張倩揪心不已……

　　倩倩的女兒動不動就哭，接受不了一點點批評和指責，這都是過於敏感、內心脆弱的表現。造成孩子這樣的原因相當程度上是家庭氛圍的影響。有些孩子長期生活在動盪、不和諧的家庭中，逐漸養成了消極悲觀的性格，害怕受到指責，害怕和家長分離。為了討家長的歡心，他們總是會將真實需求隱藏起來，時間長了，就變得越來越敏感。

　　還有些孩子之所以情緒敏感，是因為家長的高度關注和保護。家長人為地限制孩子外出，甚至切斷孩子和外界的一切聯絡，孩子的承受能力就變得越來越差。

　　敏感的孩子非常容易察覺到外界的變化。若是幼稚園換了位新老師，孩子會表現得很不適應，吃不下飯，睡不著覺，上課注意力不集中等。這都是不願接受新事物的表現。

> 不敏感，讓內心變得強大起來

敏感的孩子往往表現得情緒化，與同齡人交往的時候，常常感到委屈、不安、焦慮，動不動就哭。他們特別害怕陌生人，家裡來了不認識的叔叔阿姨，便畏首畏尾不敢大聲說話。有的孩子會躲在自己的房間裡，家長怎麼叫都不出來。

一些家長因過於害怕自己敏感的情緒會影響到孩子的成長，反倒變得「疑神疑鬼」起來。他們動不動就給孩子貼標籤，總在孩子面前擺出一副恨鐵不成鋼的樣子。可是這樣做很可能導致孩子深陷於陰影中，終生難以走出。

曾有一位媽媽向育兒專家傾訴道：「我家兒子今年兩歲多，但是感覺他的性格有些孤僻內向，害怕陌生人，也從不讓不熟悉的人靠近他。」育兒專家回答說：「孩子才兩歲多，怕生很正常。這一階段是孩子性格形成的關鍵期，千萬不要給孩子扣上性格孤僻的帽子。」

另一些家長總想著要狠下心來去鍛鍊孩子，讓孩子面對外面世界的殘酷。他們認為孩子經歷得多了就能變得強大起來。然而，這種方式並不適合情緒敏感的孩子。

敏感的孩子需要的是安全感，是溫柔的關心與呵護，而不是鍛鍊。了解孩子究竟遭遇了什麼，內心在想什麼，疏導孩子的情緒，才是最重要的。

為了幫助孩子擺脫多疑敏感的心理，家長首先要做到放輕鬆，卸下積壓在心頭的重擔，別把自己的焦慮傳染給孩子。試著去避免以下的幾種思維模式：

◆ 「一定要……」

家長太要強，孩子卻可能因此變得脆弱起來。因為孩子不是超人，不可能每一次都能達到家長預想中的目標。家長在要求孩子一定要考

第四章　情緒控制，彰顯孩子良好的教養

好、狀態好、表現好、不出錯的時候，其實是在替孩子心靈堆積過多的「廢料」，反而會導致孩子患得患失，表現失常。

◆「完蛋了⋯⋯」

平時一次小測驗、課堂表現都不是什麼大不了的事情，家長表現得大驚小怪，原本是想引起孩子的重視，誰知適得其反，孩子一旦過度緊張，就會拿著放大鏡去審視自己的言行。久而久之，孩子只會習慣性地放大失敗的結果，一點點小事就可能擊潰他。

家長在教育孩子的時候，切記不要進行負面引導。比如說，一位女兒在參加校園活動後回家，媽媽無意中問道：「妳今天跟誰玩得比較好啊？她沒有欺負妳吧？怎麼看妳不太開心？你們班女生沒有在背後說妳壞話吧？」

家長詢問孩子這些話題，是擔心孩子吃虧。但這些話卻會激發出孩子的敏感情緒。孩子若主動談起這些話題，懷疑別人對她不友好，家長不要順著孩子的話說，應該理性地分析，如果沒有直接證據，就不要將孩子的情緒向負面引導，而應該說：「這些都是你主觀的猜測啊，沒有經過證實。若是有人不喜歡你，你該問問他，也許根本沒有這回事呢！」

其實，敏感是把雙刃劍。很多藝術家、作家都是內心敏感的人，正因為這份敏感，他們反而能夠體會到常人無法感知的哲理與美好。高敏感的孩子對於細節的感知力很強，更傾向於完美主義。同時，孩子情緒敏感還意味著他們往往更愛思考，思維能力更複雜、成熟。

高敏感的孩子共情能力也很強，因感情豐富，他們長大後往往更具同理心。所以家長也毋須過分擔心，努力為孩子營造一個溫馨的成長環境，懂得傾聽孩子的內心，平時多帶孩子接觸外界的新鮮事物，讓孩子的心情保持自如、舒暢。

孩子「人來瘋」，如何滿足他的表現欲

有位家長無奈地抱怨道：「每次家裡來客人，我家寶寶就瘋狂地向大人撒嬌，一定要我們答應他的要求。真的好尷尬啊，當著客人面，真的不知道怎麼教育他。」孩子「人來瘋」行為顯得很沒有教養，家長雖然覺得丟臉，當著客人的面卻不好直接訓斥孩子，不管的話，又對孩子的行為感到窩火。

媽媽邀請同事來家中做客。客人來之前，宇涵都在乖乖地看著漫畫書。等到媽媽將客人請進屋，讓宇涵給客人打招呼的時候，宇涵卻拿起玩具槍，對著客人「劈里啪啦」一頓亂射。媽媽大聲吼他，他卻做了個鬼臉跑去了自己的房間。

沒過一會兒，宇涵抱著一大堆玩具跑出房間，將玩具扔得到處都是。媽媽和同事聊著天，宇涵卻在一旁唱起了歌，還一直纏著媽媽，問媽媽自己唱得好不好聽。媽媽不勝其煩，吼了孩子幾句，他立刻大哭起來……

很多孩子之所以出現「人來瘋」的現象，是因為他們的表現欲長期得不到滿足。有些家庭要求孩子「食不言寢不語」，甚至一舉一動都有著嚴格的限制，這種過於嚴厲的管教會對孩子的心理造成壓抑。孩子為了滿足自己的心理需求，每每選擇在外人面前「爆發」。

如果家長平時總是圍著孩子打轉，無法拒絕孩子的各種要求，孩子的自我意識會特別強。家裡一旦來了客人，大人們都在談笑風生，沒空搭理孩子，孩子在心理上會覺得受到了冷落。於是故意做出一些失去分寸的行為，其實是在告訴大家：別不理我。

有的孩子好奇心強，對外面的世界有著很濃厚的探索欲。由於平時

第四章　情緒控制，彰顯孩子良好的教養

生活比較平淡，孩子會盡可能地抓住一些熱鬧的場合去表現自己，嘗試著與人交往。這種情況下，孩子的「人來瘋」不是有意的，只是因為缺乏生活經驗，無法掌握分寸而已。

很多家長會用打罵的方式讓孩子停下來，這會讓孩子感到羞愧，並採取更激烈的手段進行反抗。這也很容易使孩子留下心理陰影：家裡一來客人我就要「靠邊站」。

家長不妨用積極的眼光去看待孩子種種「瘋狂」的行為：孩子迫切地想要展示自我，說明他擁有較強的交流動機，這對孩子今後的社會化發展有著諸多益處。當著外人的面懲罰孩子，無疑會對孩子的自尊心造成損傷。

家裡突然來了很多客人，見爸爸媽媽都聚在客廳裡陪客人聊天，不理自己，浩博不開心了，他在一旁大聲道：「卡通要開始了哦！」爸爸不耐煩地打開電視，對浩博說：「你自己看。」浩博撒嬌道：「可是我不想一個人看嘛。」

爸爸將他叫到一邊，小聲地說：「爸爸媽媽現在很忙，我們要招待客人。」浩博噘著嘴，坐在電視機前看起了電視。他將聲音調到了最大，吵得客人連連皺眉。爸爸很生氣，剛想出言訓斥，媽媽阻止了他。媽媽微笑道：「浩博，你不是會唱卡通的主題曲嗎？要不要唱給叔叔阿姨聽？」浩博一聽很開心，關掉了電視，當著大家的面唱了起來……

面對孩子的「人來瘋」，家長具體可採取以下幾種方式應對：

◆ 「事前約定」，「事後教育」

在客人來之前，家長就要和孩子約定好，孩子若是表現得禮貌，就滿足他們的一項正當要求。孩子若是「人來瘋」，就取消週末外出遊玩的計畫或者是其他娛樂專案。

等客人走後,與孩子進行及時的交流和溝通。用溫和的語氣評價孩子的表現,或用講故事的方式告訴孩子他哪些行為是對的,哪些是錯的。

◆ 替孩子製造表現自己的機會

比如家長可以讓孩子拿出在幼稚園裡獲得的獎章,對客人說:「老師說,我家孩子特別乖,是班上最懂禮貌的學生之一⋯⋯」提前誇讚孩子,等於替孩子上了一道「緊箍咒」。

◆ 適當展現權威

孩子若無法按捺住興奮的情緒,頻頻打擾家長和客人的談話,不妨用嚴厲的目光向孩子傳達自己的不悅。

◆ 讓孩子參與互動

在招待客人的過程中,家長別只顧著和客人說話,或忙著照顧其他孩子,也要時刻注意自家孩子的情緒。不妨引出孩子感興趣的話題,讓孩子參與談話。

平時家長也可以有意識地擴大孩子的交際圈,多帶孩子去公園、去聽音樂會、觀看或參與兒童劇的演出,盡量滿足孩子的好奇心及社交欲望,將孩子的生活安排得豐富多彩。

雖然「人來瘋」的孩子確實很難受到歡迎,但家長也毋須過多擔心。因為孩子身上普遍存在著「人來瘋」的現象,只是程度不同而已。家長透過合理的引導,完全可以教會孩子如何控制自己的情緒。

第四章　情緒控制，彰顯孩子良好的教養

理解和尊重，允許孩子表達情緒

　　孩子情緒起伏不定的時候，有的家長習慣「以暴制暴」，用威脅、恐嚇式的話語阻止孩子的無理取鬧；有的家長會採取「賄賂」的方式來息事寧人，比如說「別哭了，我帶你去遊樂園玩」，孩子嘗到了甜頭，慢慢學會了「情緒勒索」。家長不允許孩子表達情緒，是正確的做法嗎？

　　網路上，一個男孩的故事引起了一陣熱議。小時候，他在學校受到了欺負。父母知道後，卻聲稱「一個巴掌拍不響」，讓他檢討自己的行為。六年級時他對父母說自己看不清黑板，懷疑自己近視，父母卻把他臭罵一頓，說：「誰讓你天天玩電腦，看閒書，近視了活該！」

　　他越長大，越覺得孤獨。有一次他忍不住和父母傾訴自己的難過，父母卻說：「我們供你吃喝上學，你有什麼可煩惱的？天天垮著臉給誰看？」最後，男孩再也不想和父母說話了，父母卻又抱怨道：「你怎麼這麼冷血？和家人一點都不親近。」

　　孩子是一個成長著、變化著的獨立生命，如果孩子經常被家長忽視情緒，內心沒有得到過理解，情緒得不到抒發，就會讓性格變得叛逆，甚至對家人十分冷漠。兒童心理學家肯尼斯‧巴里什（Kenneth Barish）說：「通常情況是孩子在短時間內無法找回狀態，痛苦的感覺長時間淹沒了他們。漸漸地，失落反抗的情緒佔了主導，家庭交流越發陷入惡性循環。」

　　家長沒能給予孩子足夠的情感回應，只會讓親子關係變得疏遠。孩子要麼會將這些負面思想深埋心中，直至它們成為性格中的陰影，孩子漸漸地變得缺乏歸屬感和安全感，甚至陷入憂鬱；要麼形成「歸咎他人」

的思維模式，不從錯誤中反省學習，反而將一切歸咎為外界環境。

其實親子交流中最有效的武器莫過於接納孩子的情緒。當孩子遇到情緒問題時，家長要耐心觀察孩子的情緒反應，理解他們的感受，讓他們明白：哪怕遇到問題，家長仍然會站在他們的立場上給予支持。家長的關注與愛，才能讓孩子的內心變得強大起來。

家長的尊重與接納，會讓孩子明白，情緒問題很正常，它並沒有想像中那麼嚴重。家長要用理性的態度將孩子引導上情緒管理的道路。時間久了，孩子自會將壓力變成動力，哪怕面臨挫敗也絕不放棄希望，並利用一切機會去挖掘潛能。

很晚了星星還不肯睡覺，爸爸注意到她很不開心，便問道：「今天好像過得很不開心，發生什麼事了嗎？」星星突然情緒爆發，將自己的作業本扔到垃圾桶裡。爸爸眉頭一皺，剛想發火，想了想還是忍住了脾氣。他默默撿起垃圾桶裡的作業本，拿來抹布，小心擦起了封面上的水漬。星星在一旁哭了起來。爸爸連忙摟著星星的肩膀，小聲安慰著她。

原來，星星今天被老師罵了，她不睡覺、扔掉作業本等種種行為是害怕明天的到來。爸爸和星星聊了半天，還談起了自己小時候被罰站的事情，引得星星破涕為笑……

家長可以不贊同孩子的負面情緒和反常的行為，但不要一味地阻止孩子情緒的發洩，第一步一定是接納，再想辦法去改變。引導孩子疏導情緒時，家長具體可參考以下建議：

◆ 用「我懂得的」、「嗯」等表示接納

這一類簡短有力的話語及語氣詞反而會為家長贏得孩子的信任。同時默默傾聽，等孩子情緒漸漸平穩後，再向孩子表達關心，簡述立場。

第四章　情緒控制，彰顯孩子良好的教養

◆ 了解孩子的心理界限

家長不得當的玩笑或行為可能會激起孩子反常的情緒。所以家長最好做到對孩子的心理界限瞭如指掌。當然，讓孩子了解家長的心理界限也很有必要。讓孩子意識到：你有權對自己的情緒或其他物品進行自由支配，但必須為自己的選擇承擔相應的後果。

◆ 哭泣其實是一種癒合心靈創傷的有效途徑

孩子在公共場所大哭大鬧時，家長要在理解的基礎上加以引導；在無人的場合裡，要允許甚至鼓勵孩子用哭泣的方式來發洩日常生活中累積的缺憾。

◆ 在公共場所給孩子多留點餘地

有的家長會因為孩子做錯事而大為光火，卻不給孩子改正的機會。有的家長喜歡在公共場所誇大孩子的錯誤，對孩子的行為進行辛辣的嘲諷。這都是錯誤的示範。

◆ 用想像法化解孩子情緒

例如：孩子因手裡的冰淇淋掉落在地而大哭不止，家長需要先耐心勸慰孩子的情緒，再對孩子說：「要是媽媽有魔力，朝地面吹一口氣，讓冰淇淋重新回到我們手中就好了。我們要不要試一試？」這種詼諧的方式一能轉移孩子的注意力，二能紓解孩子的壞心情。

教育家蒙特梭利曾說：「每種性格缺陷都是由兒童早期經受的某種錯誤對待造成的。」家長應該允許孩子表達情緒，而不是喝斥、諷刺和辱罵。當孩子的情緒得不到家長的尊重、理解和接納時，他們就會學會偽裝，再不想和家長說心理話。家長要允許孩子偶爾的哭鬧、發火，接受並嘗試去化解孩子的負面情緒，引導他們積極成長。

第五章
拒絕拜金主義，培養孩子正確的財富觀

第五章　拒絕拜金主義，培養孩子正確的財富觀

拒絕拜金主義，讓孩子的內在很富有

　　原本單純的校園環境中出現了一批青少年「炫富」，本應充滿童趣的孩子開始追逐起昂貴的衣服、手機、遊戲機……這些現象令人擔憂。孩子是缺乏辨別能力的，他們的世界裡若是盛行攀比、功利的風氣，做任何事情都從利益角度出發，孩子在行為上必然會出現許多偏差。

　　一位家長曾向媒體反映，自己讀國小六年級的孩子在暑假期間參加了一場豪華生日宴，當天的小壽星是孩子的同班同學。孩子回家後，一直用羨慕的口氣向大人們描述著這場生日宴舉辦的地點有多高級，同學多有面子。孩子還請求，希望自己也能夠在這種規模的飯店裡舉辦一場生日宴會，邀請同學來參加。

　　家長無奈地說，他明知為這麼小的孩子舉辦高級生日宴不合適，卻又怕破壞了孩子和同學之間的關係，讓孩子被人瞧不起。

　　孩子出現拜金主義的心理與他們所處的環境分不開。比如：家長的縱容或者本身的不當行為容易在孩子心中播下拜金主義的種子，助長孩子的攀比之風。

　　很多家長為了引導孩子實現乃至超越成長目標，會一再實行「物質刺激」的方法。一名網友曾發文道：「為了讓孩子集中精力好好讀書，我開出了『鉅額薪資』給孩子。」誰知道文章發出後，卻遭受了很多網友的批評。大家都認為這很可能會讓孩子變得勢利。

　　金錢誘惑，或許短期內能看到成效。但家長對分寸不容易掌握，稍有不慎，就可能親手將孩子推入「錢眼」裡。有的孩子甚至可能會為了獲得好成績作弊，對家長隱瞞、欺騙。

拒絕拜金主義，讓孩子的內在很富有

家長若是自己的虛榮心強，孩子當然會受影響。當家長攀比起車子、房子時，孩子也會在各自的社交圈裡攀比起家裡的經濟實力。

孩子的拜金行為還隱藏著一個深層次的心理原因——孩子內心缺乏安全感，急需他人的關注。當周圍的人將目光轉移到身邊的同齡人身上時，孩子內心會慢慢滋生自卑。當孩子發現金錢能為他們迅速帶來優越感的時候，他們便會對金錢的「魔力」深信不疑。

其實虛榮心人人都有，孩子也不例外，所以家長不必過於緊張。家長可以利用日常生活中點點滴滴的小事情，幫助孩子形成正確的金錢觀。

六歲的妮妮被媽媽送去了滑輪訓練班。班裡的老學員和新學員雖然訓練項目不同，卻都在同一個場地內進行訓練。妮妮去了幾次後，回來一反常態地要求媽媽替她買更高級的滑輪鞋。媽媽滿足了妮妮的願望，當晚就去商場買了一雙價格不菲的滑輪鞋。

誰知幾天後妮妮便將新的滑輪鞋扔在一邊，嚷嚷著要讓媽媽買更貴的鞋給她。原來，訓練班的小朋友們私下裡經常議論誰穿的滑輪鞋更貴。妮妮的新鞋曾讓她「風光」了一時，可是第二天這風頭卻被另一個女孩搶走了。聽到此，媽媽嚴肅道：「妮妮，就算媽媽再次答應妳這個要求，可是一旦別的小朋友買了一雙更貴的鞋，妳不就又白費力氣了？如果妳成為班上滑得最穩、姿勢最漂亮的孩子，不就沒人能奪走妳的風采了嗎？」

孩子若只關心金錢，對別的事情都失去了興趣，內心就會慢慢變得蒼白、貧瘠起來。家長可以參考以下方法矯正孩子的金錢觀：

◆ 禍福就潛伏在金錢身邊

家長平時可以多與孩子「科普」這方面的社會新聞，讓孩子直觀地了解到拜金的壞處。比如有段時間一再發生的大學生欠下鉅額貸款，最後

第五章 拒絕拜金主義，培養孩子正確的財富觀

下場悲慘的事例。

如果身邊人正好發生了類似的經歷，也可拿來與孩子討論。這就相當於活生生的反面教材，比書本上的故事或貪財鬼的文學形象都要有力度得多。

◆ 嚴格控制孩子的消費

家長平時總捨不得「虧待」孩子，對孩子有求必應。這樣卻容易讓孩子將家長的愛與金錢之間畫上等號。家長應讓孩子明白：「你花的都是父母賺的錢，你並未創造同等價值的勞動。」當孩子提出了過分的物質要求時，家長應該嚴詞拒絕。

◆ 盡量讓孩子遠離光怪陸離的商業廣告

一位心理學教授曾坦言：「孩子在占有物質、追求享樂的過程中，將傾向於關注他人而非自我。」一些浮誇的、價值觀取向有問題的商業廣告容易給心理發育不健全的孩子帶來負面影響，或一系列連鎖反應。

比如說，商業廣告引誘孩子用錢來購買奢侈品，以贏得他人的關注。若孩子屢屢在這方面與他人進行比較，卻忽視了自我成長，便容易滋生出嫉妒和恨的情緒。這可能會將未成年人引向歧途。

家長平時要在孩子面前有意識地淡化貧富觀念，引導孩子努力學習，健康成長。盡量讓孩子遠離浮躁的商業社會，多帶著孩子去參加一些有意義的活動，比如說參觀科技館、博物館等，讓孩子的內在「富有」起來。

讓孩子正確理解錢的價值，把錢花在刀口上

某檔綜藝節目中，三歲的小朋友替爸爸去超市購物，他「人小鬼大」的表現逗得大家哈哈大笑。節目播出後，有不少人提出疑問，讓這麼小的孩子接觸錢好嗎？孩子又是怎麼分辨金錢面額的？其實，讓孩子儘早知道錢是什麼，從哪裡來，並正確地理解錢的價值，正是家長應該做的事情。

圜圜從小就愛吃零食，有一次她在超市裡鬧著不走，希望媽媽多買一點給她。媽媽無奈地說：「我們出門沒帶錢，又忘了帶手機，下次買不行嗎？」

圜圜一聽不開心了，拉著媽媽的手往超市入口處跑去。她們停在入口處的自動提款機前，圜圜指著高高的機器，對媽媽說：「媽媽，妳在那按一下不就有錢了嗎？」

媽媽哭笑不得，說道：「圜圜，錢不是這麼來的。」圜圜疑惑不解：「上次我看爸爸按了一下就有錢了啊！」

三歲的孩子開始對錢產生好奇心。雖然孩子並不能真正理解金錢意味著什麼，但是他們會根據大人的行為做出判斷。在長期的觀察模仿中，孩子漸漸地形成了對錢的最初印象：錢能換來任何想要的東西。如果家人不加以正確引導，孩子就會以為只要向家長要，或者從提款機取，就能得到錢，並不知道獲得金錢是需要付出勞動的。

所以，家長應該在孩子對錢產生興趣的當下，開始向孩子灌輸關於金錢的教育，讓孩子學會理智消費，不亂花錢。家長首先應該向孩子解釋錢意味著什麼。如果孩子難以從文字和語言上理解這一點，這時候家長可以和孩子玩一些「認識金錢」的小遊戲。

第五章　拒絕拜金主義，培養孩子正確的財富觀

　　將不同面額的錢幣依次擺放在孩子面前，不厭其煩地教孩子認清並理解面額的大小、新臺幣的單位（1 元、5 元、10 元、50 元）和換算方法（比如說 10 元＝ 10 個 1 元）。

　　告訴孩子不同面額的錢能做哪些事情。比如說：10 元硬幣能夾一次娃娃，50 元能買一包餅乾等等。在這一過程中，還能讓孩子練習加減法。

　　等孩子 5、6 歲的時候，家長應教孩子明白：購買時必須要做好選擇，我們無法將所有喜歡的商品都買回家。教孩子學會平衡在所有希望得到的東西中，哪些是最值得購買的。

　　這一過程中要注意，不要在錢的問題上欺騙孩子。生活中，孩子常常鬧著要買玩具，有的家長不勝其煩時，總是會凶孩子「錢都花光了，買不了」。這樣的做法容易傷害到孩子的自尊心，也會引起孩子缺錢的恐慌。其實，家長不妨直接告訴孩子：「這個玩具你已經有一個了，再買就是浪費。」「這個商場裡的玩具賣得有點貴，在這買不值得，我在網路上買一個一模一樣的給你。」或者對孩子說：「你想要買這個玩具可以，但是週末就不能去遊樂場玩了哦！」

　　7、8 歲的孩子漸漸明白事理，家長不妨告訴這一時期的孩子，錢不是天上掉下來的，要憑藉勞動才可以獲取。家長可以給孩子看看自己的薪資單，在孩子面前算算「經濟帳」，和孩子聊聊自己工作一天能得到多少報酬，大部分的生活開銷花在何處。

　　平時帶孩子外出的時候，家長可以教孩子看懂商品的價格標籤。告訴孩子，怎樣選購商品最划算。比如說，便利店裡不同品牌、系列的礦泉水定價都不同。家長可以鼓勵孩子去主動分析不同品牌、系列的優缺點，並挑選出最適合的產品。

> 讓孩子正確理解錢的價值，把錢花在刀口上

這不但可以塑造孩子正確的金錢觀，還能讓他們明白何為「將錢花在刀口上」。

媽媽帶著寧寧逛超市，走到生活用品櫃檯時，媽媽發現一款牙膏有兩種包裝。一種是三支120克的牙膏組成套裝，賣90元；而另一種單支包裝的牙膏重150克，賣40元。

媽媽靈機一動，問寧寧：「我們家的牙膏沒有了，你說該買哪種好呢？」寧寧思考了很久，說：「買150克的，它量多又比較便宜。」媽媽笑著解釋說：「寧寧，你想想看，套裝三支90元，一支就是30元。算起來120克的牙膏每支需要花費30元。150克的牙膏每支需要花費40元，轉動腦筋就會知道，我們如果多花10元可以多買30克牙膏。那麼5元可以買多少克牙膏呢？」

寧寧掰著手指頭算了很久，說：「15克牙膏。」媽媽笑了：「寧寧真聰明，可是如果我們買120克的牙膏花30元，相當於5塊錢能買20克牙膏。算下來就會發現買三支的套裝更省錢喲！」

媽媽引導寧寧計算怎麼買牙膏更加的省錢，幫助寧寧學習如何實惠地購物，不輕易地浪費錢去購買不必要、不划算的東西。

讓孩子正確認識金錢，家長可以給孩子自主支配零用錢的權力。定期給孩子小份額的零用錢，並規定好零用錢的使用範圍。比如：每天的零食和小玩具都在零用錢裡，告訴孩子，家長不會再幫助他們購買這些東西，讓孩子自己做消費計畫。

正確的金錢觀不是一味地教孩子存錢、省錢，還包括「給予」。家長要讓孩子明白，金錢不僅能滿足自己的物質需求，而且還可以用來幫助他人。日常生活中，家長不妨帶孩子去參加一些公益活動。比如帶孩子去捐款現場，讓孩子親手將錢放進捐款箱，或在捐款簿上認真簽下自己的名字。

第五章　拒絕拜金主義，培養孩子正確的財富觀

　　當周圍的人一致誇孩子懂事的時候，這種讚揚之聲會讓孩子對金錢的意義理解得更加透澈。孩子會明白，用錢來幫助別人也能給自己帶來快樂和內心的安定。

與孩子一起制定理財計畫更容易培養財商

　　孩子對錢太迷戀，難免會變成一個「小財奴」。可是孩子若不把錢當一回事，花起錢來大手大腳，長大後可能會變成敗家子。家長為了培養孩子的財商，應該教會孩子如何用錢、管錢，又不被錢束縛，讓孩子從小就養成正確的理財觀念。

　　億萬富翁洛克斐勒一共育有五個孩子。雖然他們家的經濟條件令普通人羨慕不已，但洛克斐勒卻對孩子零用錢管理得特別嚴格。他一直嚴格按照孩子的年齡來發放零用錢，一週發放一次。七八歲的孩子每週能領到三個硬幣，再大一點便依次遞增。

　　洛克斐勒還為每個孩子都發放了一個小費本，讓孩子記下每筆錢的用途。他會隨時抽查帳本，核對帳目。如果帳目清晰，用途正當，孩子下週領到的零用錢會多出五分。反之，就會被罰扣五分錢。很快，孩子們就學會了如何記帳，如何將錢花在正確的事情上。

　　很多家長認為理財只是意味著存款或有形投資，卻不知道日常開銷、收入的管控及個人成長方面的無形投資也屬於理財的範疇。理財觀念展現在日常生活的各方面，要想幫助孩子樹立正確的金錢觀念，家長需要從小就對孩子進行有意識地培養，避免孩子重蹈上一輩的覆轍。

　　很多孩子往往缺乏自制能力，有錢就花，不會為日後考慮。面對這樣的情況，家長首先應該讓孩子知道什麼是理財，有何意義和作用。在此基礎上與孩子一起制定一份科學、合理的理財計畫。

　　理財計畫包括綜合收支情況、具體的理財目標等內容。家長不妨先發給孩子一本「專屬帳本」，手把手地教孩子記錄和管理每天的收支情況。家長要定期檢視、評價孩子理財計畫的成果，如果效果顯著的話，

第五章 拒絕拜金主義，培養孩子正確的財富觀

可以給孩子適當獎勵，效果不理想的話應及時教孩子改進。

還有一個小竅門是讓孩子養成出門前做行程表和預算表的習慣，這可以有效規範孩子用錢的方向。平時家中發生了一些較大的事情，也可酌情讓孩子參與籌劃，或與孩子一起承辦。這些實打實的體驗能讓孩子迅速理解理財的真實含義。

在孩子成長的過程中，家長可以「就地取材」，隨時隨地培養孩子的財商，具體可參考以下意見：

◆ 空閒時帶孩子去銀行辦一張卡

現在有很多銀行都推出了「親子卡」、「兒童帳戶」的概念，卡面設計得富有童趣。家長帶著孩子將辦卡、開戶這一系列富有儀式感的流程親身經歷一遍，對孩子而言很有教育意義。

當然，這個帳戶不要閒置。可以幫助孩子在這個帳戶裡存入平時的零用錢、過年時的壓歲錢，然後將卡交給孩子，提醒孩子小心保管。當然，密碼最好別告訴孩子，以免孩子告訴他人受人欺騙。每次需要存錢、領錢的時候，家長都跟在孩子身邊就好了。

◆ 在外吃飯的時候，讓孩子嘗試著去結帳

出門吃飯的時候，不妨準備一些現金。結帳前讓孩子算一算，應該付給櫃檯多少錢，找多少錢。再鼓勵孩子單獨去結帳，家長待在旁邊偷偷觀察。

◆ 去購物之前，給孩子設定一個「限額」

舉個例子，出門前給孩子一百塊錢，告訴他：「這些錢你自己支配，透支的話要接受懲罰哦。你可以買喜歡的玩具，好吃的零食。你算算看，怎麼支配合理。」

◆ 讓較大的孩子制定旅行攻略，規劃整體預算

單獨制定一份理財方案和活動執行方案的過程，是孩子獲得快速成長的機會。旅遊回來後，全家人聚在一起就哪部分設定得合理，哪些差強人意討論一番。經常與孩子交流理財經驗，孩子的眼界會變得越發開闊。

人的一生離不開錢，尤其是在現代社會，個人的理財能力越來越受到重視，對於孩子來說，理財這門課程越早培養越好。家長要善於挖掘和培養孩子理財的理想時間和地點，不要錯過好時機。

第五章　拒絕拜金主義，培養孩子正確的財富觀

一定要給孩子零用錢，並讓孩子學會花錢

　　家長經常在為孩子支配零用錢這個問題上感到頭痛。把錢都留下，完全不給孩子？這不現實。孩子有孩子的人際交往，用錢的地方也在不斷增加。可是多給孩子一點零用錢吧，家長又會擔心孩子將錢花在不正當的地方。

　　媽媽從小梅上小學開始，每個月都會固定地給小梅發放零用錢，數額不多，一般是50塊錢。對於小梅怎麼花這筆錢，她不會過多干涉。

　　有一次，小梅買了一個閃閃亮亮的髮飾，興奮地對媽媽說：「媽媽，我用這個月的『薪水』在同學那裡買了這個髮飾。」小梅一向稱這筆零用錢為「薪水」，媽媽笑了笑，沒說什麼。

　　晚上，媽媽帶著小梅出去逛夜市。小梅突然停住了腳步，好奇地看向一個飾品攤：「媽媽，妳看這些髮飾跟我之前買的那個一模一樣。」媽媽指著標價牌「恍然大悟」道：「妳看這些髮飾才賣一個10塊錢，妳是不是買貴了？」見小梅有些沮喪的樣子，媽媽並沒有責備她，而是說起了自己的購物經驗。

　　一位家庭教育專家說：「給孩子零用錢是家庭教育的一個重要方式。」零用錢裡蘊含著大學問，家長定期、定量地給孩子零用錢，允許孩子自由支配的同時加以合理的引導，既能激發孩子的自主意識，又能促進孩子理性消費的能力。

　　有些家長為了防止孩子亂花錢，從不給孩子零用錢。在他們看來，孩子需要買什麼，告訴家長一聲就可以了，家長自然會買給孩子。至於孩子的無理要求，通通拒絕。

　　可是這樣做的效果會讓家長失望。家長干涉孩子花錢，剝奪孩子在

消費方面的自由選擇，傳遞出的是一種嚴重的不信任感。而童年時在金錢方面有過匱乏體驗的孩子，長大後很可能會變得錙銖必較、對待金錢會過分吝嗇或貪婪。

家長給孩子零用錢的時候也要講究方法，尤其要注意不要將零用錢與孩子分擔家務掛鉤。很多家長會讓孩子做家事來賺取報酬，比如說：掃地、擦桌子、洗碗、買菜等。

可是這樣會給孩子留下一種負面印象：做家事是一種賺錢手段、是一件苦差事。而家長應該傳達給孩子的正確理念是：家事是每個家庭成員應盡的責任和義務。

家長更不能將零用錢與孩子的課業掛鉤。金錢產生的學習動力比發自內心的興趣和責任要薄弱得多，用零用錢激勵孩子去提高成績，反而會增加孩子的投機行為。

家長對孩子的愛，也不能單純用零用錢去展現。有時候爺爺奶奶為了顯示孩子與自己的親密關係超過父母，會用高額的零用錢來表達。

可是零用錢一旦被打上「收買人心」的烙印，孩子可能就會變得唯利是圖。家長不妨召集其他家庭成員開個家庭會議，確保孩子的零用錢只能從一個管道獲取。

孩子有了零用錢後，家長這時候該做的是讓孩子學習如何花錢。具體可以參考以下幾點：

◆ 教孩子討價還價、貨比三家的技巧

家長不妨當著孩子的面同商家討價還價，讓孩子明白商品的真實價值與商家的出價之間並不一定匹配。事後，讓孩子指出家長當時表現得好與不好，存在哪些改進之處。等孩子慢慢懂得了這其中的竅門後，鼓

第五章　拒絕拜金主義，培養孩子正確的財富觀

勵孩子去嘗試，這還能鍛鍊孩子的口語表達能力。

而同一件商品，不妨帶孩子多跑跑不同的地方，當著孩子的面比較商品的價格與品質，讓孩子學會貨比三家。

◆ 讓孩子負擔一定的花費

和孩子協商好，孩子的生活費、學費、教材費、文具費都由家長支出，但孩子自己的玩具、零食或者送朋友的生日禮物等花費，則需要自己承擔。如此一來，孩子才能體會到精打細算、細水長流的意義。家長如果包攬孩子的一切開支，孩子很難產生勤儉節約的意識。

◆ 注重「安全消費」教育

孩子好奇心重，容易被各種花花綠綠的塑膠玩具或顏色奇怪的糖果零食等吸引。哪怕孩子花在垃圾食品、劣質玩具上的錢並沒有超出預算，家長也要及時干預，因為孩子胡亂消費可能會對他們的身體健康造成危害。

家長在平時要多多告誡孩子，一些來路不明、顏色鮮豔的玩具、零食不要買，或者教孩子辨認食品包裝袋上的安全標章、製造日期等資訊。

生活中，有些孩子有了零用錢後，會產生獨占意識，甚至會對家人發出宣言：「說好了我的錢我自己做主，那這就是我一個人的錢，誰也別想打主意。」面對類似的童言童語，家長千萬別一笑而過，這會縱容孩子的自私心理。

家長平時要多向孩子傳達這樣的道理：愛和付出都是相互的，而懂得分享的人更受人歡迎。有位爸爸是這樣做的：他平時會特意拿出自己

> 一定要給孩子零用錢，並讓孩子學會花錢

的「私房錢」買禮物送給妻子，並讓孩子為自己出謀劃策。他的孩子不久後做出了類似的舉動——用自己的零用錢買了束花送給媽媽。爸爸的以身作則，讓孩子更加直觀而深刻地明白了用金錢去創造愛與分享的意義。

第五章　拒絕拜金主義，培養孩子正確的財富觀

賺錢：千言萬語都比不上孩子親自體驗

　　避免孩子拜金主義和鼓勵孩子去賺錢並不矛盾。有些家長會在生活中製造一些合適的機會，讓孩子親身體驗賺錢的樂趣，這非常值得大家效仿。比如說，當孩子想買一些超出預算的商品時，家長無論是傾囊相助還是無情拒絕，都不如鼓勵孩子自己賺錢去買。

　　沃爾瑪創始人山姆・沃爾頓的四個孩子小時候為了買到心儀的物品，紛紛為父親打起零工。他們會和其他工人一起擦地板，幫忙修補倉庫的房頂。晚上，他們還會幫助裝卸一些較輕的貨物。沃爾頓在考核了孩子們的勞動量後，會根據一般的工人標準給他們支付薪資。

　　美國前總統川普的女兒伊凡卡在父親的指導和幫助下，6歲就開始買股票賺錢。高中時期的伊凡卡出去當模特兒、四處打零工，後來還成為世界超級名模。進入父親的公司後，她從最基層的職位做起，一路升任副總，最後還創立了屬於自己的品牌⋯⋯

　　對於金錢，有些家長可能會這樣教育孩子「你爸爸自從有了錢後整個人都變壞了，你不能有樣學樣」。這樣，就會給孩子的心裡留下一個「金錢萬惡」的印象，導致孩子會對金錢產生仇恨的心理，在成長過程中鄙視生活富足的同齡人，以不正確的心態惡意揣測他人，不利於友好的人際關係。孩子自己也不願意為了賺錢而努力工作，經濟拮据，一事無成。

　　當家庭作業、課外習題、老師和家長的叮囑成為孩子世界裡唯一的主題時，孩子越成長，內心越荒蕪。家長不妨為孩子製造一些合適的機會去接近社會，去感受人與環境的互動，這也是為孩子以後進入社會打基礎。

　　可能有些家長會疑慮：「讓這麼小的孩子出去賺錢，肯定會經歷許多麻煩，這對孩子的成長難道不會產生負面影響嗎？」

> 賺錢：千言萬語都比不上孩子親自體驗

孩子年齡越小，越容易受引導。在孩子嘗試賺錢的過程中，難免會遭遇挫折，這時候家長的及時介入、鼓勵，能幫助孩子更快地調整狀態。若家長認為賺錢是孩子成年之後的事情，一旦孩子遭受打擊，自我否定感會來得強烈而漫長，反而無法及時走出陰影。

賺多賺少不重要，重要的是體驗。家長要盡到看護孩子安全的責任。至於孩子自己賺的錢，讓孩子自由支配。家長不要一味地要求孩子上交，這會打擊到孩子的積極性。

2018年，中國一個在街頭賣冰棒的小男孩上了新聞。他叫楊祝捷，剛滿九歲，卻早已習慣了背著重達10公斤的保溫盒，掛著電子支付QR Code的牌子，四處吆喝著賣冰棒。

楊媽媽說，四年前她帶著兒子第一次嘗試了社會實踐。那時候，小祝捷手裡拿著一疊報紙，站在馬路上一動也不動，小臉漲得通紅。楊媽媽見狀，找到一位過路的老人幫忙，希望他能去買一份報紙，支持一下孩子。老人欣然同意，不僅買了份報紙，還大聲鼓勵孩子要加油。小祝捷瞬間變得自信多了，在媽媽的鼓勵下，他嘗試著吆喝了起來。

如今，四年過去了，小祝捷早已變得經驗豐富。他還曾邀請其他小朋友一起上街賣東西，每當其他人的收益不如自己多時，他總會主動和夥伴平分銷售所得。媽媽問他原因，他驕傲地說：「我們是一個集體，每個人都努力了。」

讓孩子體驗賺錢的辦法有很多，具體可參考以下幾種：

◆ 發傳單

讓孩子去發傳單，可能會收到良好的效果。這是孩子能力範圍之內的事情。孩子發傳單的時候，家長應該全程注意孩子的表現，確保孩子的安全。

第五章　拒絕拜金主義，培養孩子正確的財富觀

◆ 收廢品

帶著孩子去社區或者附近的街道轉一轉，撿塑膠瓶，再帶到廢品站去賣錢。這樣既能美化環境，又能鍛鍊孩子，一舉兩得。

◆ 擺地攤

帶孩子去夜市上擺攤賣些小飾品，或者賣孩子不玩的二手玩具、童話書，教孩子與顧客交流的一些小技巧，包括銷售的基本能力和方法。

僅僅讓孩子明白賺錢不易是遠遠不夠的，這只會讓孩子的體驗僅僅停留在「不能亂花錢」的層面。家長的責任不只是帶孩子按部就班地完成這些社會實踐，後期更要做一系列引導，才能對孩子產生更深層次的幫助。

舉個例子，曾有一位媽媽帶著孩子去擺地攤。辛苦了一天，孩子只賣出去兩個小玩具。回去的路上，孩子對她說：「原來賺錢這麼辛苦啊，我以後再也不亂花爸爸媽媽的錢了。」

這位媽媽立刻寫了一篇日誌，發到了網路上，引起了眾多好友的按讚、評論。好友們紛紛表示，下次也帶自家孩子去體驗一下。媽媽覺得這次「練攤」的經歷堪稱圓滿，心裡很滿意。

而另一位媽媽是公司裡的副總，她也帶著兒子擺了很多次地攤。每一次回去，她都會引導孩子記錄一天「戰績」，讓孩子總結、反思自己做的不周到的地方。在媽媽的提示和啟發下，孩子變得越來越熟練，賺錢也變成了一件充滿樂趣和成就感的事情。

松下幸之助說：「賺錢就是賺公德。」優秀的商業頭腦和良好端正的品行並不衝突。家長要鼓勵孩子光明正大地賺錢，孩子有了賺錢的體驗，能夠深刻地明白金錢的意義，自會更加珍惜每一分錢。在這個過程中也鍛鍊了孩子的實踐能力和人際交往能力，無形中增加孩子的成就感和自豪感。

哭窮的父母只能培養出「心窮」的孩子

有些家長去超市前，對孩子千叮嚀萬囑咐，「別買貴的，我們家消費不起。」孩子眼巴巴地看著別的同學背著新書包，家長會說：「我們家跟別人家不一樣，你懂事點。」

「哭窮」的家長本意是為了培養孩子勤儉的品格，希望孩子能更惜福、努力。可是，這種教育方式卻不利於塑造孩子健康的金錢觀，也會對孩子未來投資理財的能力造成不良影響。

一位美國作家曾將自己年輕時候的經歷寫進了〈一罐果醬〉這篇文章中。有段時間作家丟了工作，父親也失業了，全家人都指望著母親為別人做衣服的微薄收入生活。

有一次，母親生病了，無法工作。因為許久未繳電費、煤氣費，家裡的電和煤氣都被停了。那天年幼的妹妹放學回家，開心地說：「能幫我準備一些東西嗎？我想明天帶去學校幫助那些窮人。」媽媽一時懊惱，正要脫口而出：「這世界上還有誰比我們更窮的嗎？」

外婆拉住了媽媽的手臂，示意她不要這麼說，並對媽媽說：「如果你讓孩子從小就認為自己很窮，那她一輩子都只能是窮人。永遠不可能再振作起來。」外婆將自家做的一罐果醬交給妹妹。第二天，妹妹自豪地帶著禮物去了學校。多年後，妹妹成了遠近聞名的成功企業家。

家長總是有意無意地在孩子面前說「你要努力，長大後賺大錢」，或者當著孩子為了一點利益爭吵不休，毫無顧忌地為了占便宜而不擇手段，這給孩子帶來很大的心理傷害。

有的家長明明有經濟能力，卻總是給孩子穿親戚家淘汰的舊衣舊鞋，這其實都是在對孩子灌輸金錢匱乏的觀念，甚至間接讓孩子沾染上

第五章　拒絕拜金主義，培養孩子正確的財富觀

了「窮人思維」。

擁有「窮人思維」的人大多自卑又虛榮，對金錢懷有迫切的欲望。在他們小時候，家長只是千方百計地教他們省錢，卻從來沒教過他們該如何花錢。等他們手裡有了點錢後，反而會把錢浪費在一堆無用的便宜貨上，到了真正該花錢的時候卻不敢花，不會花。

在「窮人思維」陰影下長大的孩子，為了掩飾自己的真實處境，會變得越來越不敢尋求他人的幫助。家長從來沒向他們灌輸過這樣的觀念：向人求助其實是一種資源互換。

這樣的孩子一方面眼高手低，總是輕易向人許下承諾卻又不斷失信於人；一方面瞻前顧後，抗壓能力極差，但凡遇到點阻礙，就會選擇逃避。更重要的是，他們一定要將錢攥在手裡才有安全感，從不敢進行風險投資，以至於屢屢錯失良機。

高中時期的李麗從不敢進商場，和同學一起出去逛街時總是畏畏縮縮。工作後的她卻一反常態，一花起錢來就失控，是個不折不扣的月光族。她的衣櫃裡雖然裝得滿滿（的），卻都是地攤貨。但凡聽到哪個購物網站正在打折，李麗一定會去大買特買。

結婚後，她的心態又轉變了。她將錢都存在銀行裡，從不敢輕易投資。等到終於下定決心買房子時，李麗卻發現有一筆錢在銀行做了定存，暫時取不出，於是買房的計畫被擱置了。等到這筆儲蓄到期後，李麗卻發現她再也買不起房子了。

李麗一想起這些年的經歷就焦慮得睡不著覺。她在網路上諮詢了心理專家，專家分析說，因為李麗小時候不管想要買什麼，父母都會斥責她浪費，而正是這種教育造成了李麗畸形的金錢觀，和她如今糟糕的生活……

> 哭窮的父母只能培養出「心窮」的孩子

跟孩子談錢時,家長一定要注意以下這幾點:

◆ 別用「買不起」搪塞孩子

一句不耐煩的「買不起」可能會讓孩子心事重重:是現在買不起還是永遠買不起?爸爸媽媽是不是根本不想買給我?

有時候不怪孩子鬧脾氣,可能是因為家長沒有給孩子同等的尊重。面對孩子不合理的要求,家長可以跟孩子詳細解釋這件商品的價格超出了家庭開支預算,循循善誘地引導孩子接受勤儉節約的消費理念。對於明智的家長來說,這反而是一次很好的教育機會。

◆ 別胡亂猜測「你是不是又想亂花錢了」

很多家長在孩子表現出羨慕情緒時,急吼吼地打斷孩子。類似於這樣的過激反應容易讓孩子產生委屈、受挫的感覺。比如說,有個孩子向媽媽描述同齡夥伴臥室裡擺了好多芭比娃娃,媽媽立刻氣急敗壞道:「你是不是又想買玩具了?妳的玩具已經堆成山了!」接著抱怨起孩子種種愛花錢的舉動。

家長太強調金錢,或者說什麼都能繞回到錢這個話題上去,對孩子的成長沒有什麼好處。家長越是在乎錢,越得用健康正面的心態向孩子表達關於金錢的觀念。

◆ 別誇口說「隨便買,挑貴的買」

哭窮不可取,炫富更是要不得。慣壞了孩子的「胃口」,孩子對輕易得到的一切都不會產生珍惜的概念。

真正的窮養,不是讓孩子在物質上得不到滿足、不敢花錢,而是讓孩子知道如何靠自己的努力得到想要的生活,即使目前的物質條件不富

第五章　拒絕拜金主義，培養孩子正確的財富觀

足也不會喪失對未來的希望和奮鬥的勇氣。別讓孩子過早地為錢擔心焦慮，為了金錢抹殺了自己的情緒和欲望。家長其實很多時候並不是真的窮到什麼都買不起的地步，哪怕經濟條件有限，只要合理地規劃和分配，也能給孩子一個無憂無慮的童年，讓孩子自信而勇敢地面對今後的生活。

超前投資，學會用錢生錢

很多家長已經意識到提升孩子財商的重要性，但他們除了替孩子買個存錢筒外，並不知道該如何對孩子進行系統的投資理財教育。基於此，不少育兒專家和理財師都提倡家長利用日常生活中點點滴滴的細節去對孩子進行財商培養。

爸爸聽說丹丹的學校正在舉辦一次二手書交易市場的活動，他立刻幫丹丹將從小到大看過的書籍和雜誌都整理出來。在爸爸的建議下，丹丹將這些舊書刊帶到了學校，和同桌一起開設了一個小型書攤。一週下來，丹丹竟然賺了三千多塊錢。

爸爸將丹丹帶到自己工作的銀行，將幾種少兒理財產品介紹給丹丹聽。丹丹詳細了解、反覆比對後，選擇了其中一種理財產品進行投資。見丹丹對理財興趣濃厚，爸爸很欣慰。

賺錢和投資是兩個不同的概念，投資的本質是「錢生錢」。很多家長總認為孩子與投資之間不可能產生交集，雖然他們也會為孩子購買育兒基金，但絕對不會讓孩子去參與投資活動，成為「投資者」。這樣的話，孩子的財富雖然累積了，卻只知道消費，不懂得如何利用手中的財富創造出源源不斷的利潤。家長想讓孩子以後擁有投資理財的能力，就要從小時候開始培養。

孩子各種能力的培養都有關鍵期。比如說，培養孩子的數理能力要抓住 4～6 歲這個年齡層；而對於 5～14 歲的孩子而言，他們已經完全可以接受稍具難度的理財能力的培訓。

家長可以帶著孩子從最簡單的投資工具學起，適當灌輸一些基礎的

第五章 拒絕拜金主義，培養孩子正確的財富觀

理財知識，如銀行儲蓄方法、種類、利率、利息計算等。這是讓孩子接觸投資理財的第一步。

從建立理財的初步印象到能夠自如操作是一個非常複雜的過程，為了讓孩子迅速適應，家長平時去銀行辦理業務的時候可以帶著孩子一起去，讓孩子了解銀行作業流程、ATM（自動提款機）功能等。

如果家長正在進行一些理財產品的投資，不妨儲存銀行帳單和投資報表，以此向孩子解釋何為複利，激勵孩子多儲蓄。家長還可以和孩子玩一種名叫「大富翁」的經典遊戲。遊戲中「套取現金」、「交易」、「破產」等規則會讓孩子對投資的概念認識得越發深刻。

平時，家長也要教會孩子將零用錢和過年時的壓歲錢等零散資金集中起來，並利用一些銀行產品讓孩子養成「強制儲蓄」的習慣。只要堅持下去，財富增值額的實現是預料之中的事情。而「零存整付」的操作體驗會讓孩子對「小錢變大錢」產生更濃厚的興趣。

美國奧勒岡州的派翠克在大兒子瑞安12歲過生日時，送給了他一臺除草機作為生日禮物。瑞安便利用這臺除草機做起了「生意」。夏天結束的時候，他已經靠替鄰居家修理草坪賺了400美元。面對這筆「巨資」，瑞安不禁有些飄飄然。

派翠克帶著瑞安去當地的銀行和證券市場感受氛圍，並告訴瑞安可以利用這筆錢做點投資。瑞安因此對股市產生了興趣，他每日吃完飯就拿起爸爸的財經報紙研究起來。做好充足的準備後，瑞安決定購買NIKE公司的股票。幸運的是，因為時機把握得不錯，瑞安最後小小賺了一筆錢。

生活中，家長可以參考以下幾種方式對自家孩子進行財商教育：

◆ 讓孩子參與到家庭保險方案的選擇中

讓孩子了解一點保險行業的知識是有益無害的，根據保險費的計算公式，鼓勵孩子幫家長算算具體投保數額是多少，問問孩子幾種保險方案他傾向於選擇哪一種。

◆ 帶孩子體驗基金、股票操作流程

如果家長本身比較精通於投資，不妨將書本上的投資理論知識與實作結合起來，鼓勵孩子用自己賺的錢買合適的基金和股票。孩子只有親身體驗過才會明白「盈利」和「虧損」究竟意味著什麼。

如果家長本身對投資知識不甚了解，平時可以多自學相關知識提升財商，再對孩子進行財商教育。條件允許的話，家長可以專門學習一些國外的財商課程，然後根據國內情況做出調整，對孩子進行引導。或者帶孩子一起多向專業人才請教，很多加拿大家長就是這樣做的。

很多加拿大家長在孩子一出生就為孩子開設了個人帳戶，等孩子有了一定積蓄後，家長會專門帶孩子去見家庭理財顧問。讓理財顧問指導孩子用個人帳戶裡的錢投資一些基金。

家長教孩子一些簡單的理財方法來管理金錢，既能鍛鍊孩子的判斷力和提升合理選擇的智慧，也能培養孩子的自信心、責任心。擁有不俗財商的孩子，能夠用更理性的眼光去規劃夢想、管理人生。

第五章　拒絕拜金主義，培養孩子正確的財富觀

孩子的壓歲錢，上交和放任都不是上策

「恭喜發財，紅包拿來」，在孩子清脆的拜年聲中，長輩們紛紛掏出早已準備好的紅包。很多孩子因為壓歲錢一躍成為「小富翁」。然而，家長對此卻有諸多疑惑：讓孩子自己保管不菲的壓歲錢合適嗎？孩子的壓歲錢究竟屬於誰？

果果媽媽每年都會將果果的壓歲錢「據為己有」，面對果果憤憤不平的控訴，她反問道：「你又沒有賺錢的能力，能收到紅包也是因為爸爸媽媽的關係，就該全部沒收。再說小孩子身上放這麼多錢該多危險啊！錢放在媽媽這裡可比銀行安全多了，你要用就找我要。」

果果爸爸卻說：「壓歲錢的所有權是屬於孩子的。平時孩子就吵著要這要那的，他有了壓歲錢就可以滿足自己的心願了，我們家長還省得操心。」

家庭教育研究者曾發起一場關於壓歲錢的網路調查，他們採訪了100戶家庭，接受調查的大部分是「六年級」和「七年級」家長。

結果顯示，少部分家長會選擇將壓歲錢交給孩子自己打理。為了圖省事，他們對孩子怎麼花錢、將錢花在何處不會過多關注。大部分家長卻會選擇「私吞」，他們認為孩子沒有能力去支配這些數額不菲的壓歲錢。一位「八年級」家長道：「平時他吃我的穿我的，這些壓歲錢當然歸我。」

其實，這兩種做法都不明智。強迫孩子上交壓歲錢，一來會影響到家長的權威；二來會讓孩子空歡喜一場，孩子帶著失落的情緒去迎接開學，學習積極性也會受到打擊。另外，這種做法還會造成親子間的不信任感。孩子自尊心受到傷害，在反向心理的驅使下，可能會做出私藏壓

> 孩子的壓歲錢，上交和放任都不是上策

歲錢、謊報數目等不良行為。

可是，任由孩子支配壓歲錢也不合適。隨著生活水準提高，長輩包給孩子的壓歲錢動輒數千，加在一起破萬的也不鮮見。輕易將這筆錢交到孩子手上，會給他一種賺錢很容易的錯覺。如此一來，孩子更不知珍惜、感恩、責任為何物。壓歲錢甚至會領著孩子走上錯誤的人生路。

家長要在孩子收到壓歲錢的當下，引導孩子理解壓歲錢背後的意義，讓孩子明白這些輕飄飄的紙張上凝結著長輩的心血，有著特殊的意義。

一位爸爸在大年三十晚上跟孩子講起了「壓祟」的故事，一對老夫妻為了嚇跑害人的「祟」，用紅紙包了八枚銅錢放在孩子的枕頭底下。「祟」一靠近孩子，銅錢就發出金光，嚇得「祟」抱頭逃竄。見孩子聽得認真，爸爸嚴肅道：「長輩給你壓歲錢，是在祝福你能幸福長大，希望這筆錢能對你的生活和課業帶來幫助。」

說著，爸爸讓孩子握起一旁爺爺奶奶的手，說：「你看爺爺奶奶手裡是不是長滿了老繭？他們辛苦了一輩子，用存下的積蓄包紅包給你，你應該怎麼做？」在他的引導下，孩子恭恭敬敬地對長輩們鞠躬說道：「謝謝爺爺奶奶和爸爸媽媽！」

家長可利用壓歲錢來培養孩子的「財商」，向孩子灌輸正確的理財觀念，帶孩子感受自律所帶來的益處。具體可參考以下建議：

◆ **用三個存錢罐教孩子合理規劃這筆錢**

家長可先買來三個存錢筒，將孩子的壓歲錢分成三份，分別存入不同的罐子裡。

第一個罐子裡存日常開銷需要的錢，比如孩子上學的書費、餐費等。

第五章 拒絕拜金主義，培養孩子正確的財富觀

第二個罐子裡存額外開銷的錢，專門用來支付孩子的「夢想目標」，比如玩具、衣服等。

第三個罐子裡存的錢用來儲蓄、投資，這部分至少要占總金額的一半。等到孩子對金錢的規劃有了初步的意識後，再帶著孩子將第三個罐子裡的錢存入孩子的個人帳號。

◆ **為孩子提供理財計畫**

目的是為了向孩子「科普」一些基礎的理財知識。例如：有個媽媽為孩子提供了一份理財方案，將壓歲錢除去部分開支後所剩下的錢借給大人使用，大人一年提供 10% 的利息給孩子，那麼一年後孩子除了能得到本金外，還能得到好幾百元的額外收入。見孩子猶豫不決，媽媽又提供了另一份計畫，大人為孩子提供 5% 的年利息，但是孩子隨時可以拿回本金。孩子做出選擇後，媽媽擬了一份合約，與孩子各自簽下了名字。

◆ **用壓歲錢購買保險當作教育基金**

跟孩子一起去蒐集、了解「國中教育金」、「高中教育金」這兩款附加險的知識，和孩子討論自己對未來教育經費的安排和規劃，引導孩子做出合理的選擇。

家長要讓孩子明白壓歲錢不止能買來零食、玩具、好看的衣服，它還能為未來鋪路。比如引導孩子將部分壓歲錢花在自身成長與夢想上，它可以為心心念念的假期旅行買單，也可以成為興趣班的學費等。這能提升孩子的責任意識。

家長還可以告訴孩子：壓歲錢能傳匯出長輩的關愛和厚望，也可成為孩子財商教育的第一課。家長要合理利用這一「契機」，讓壓歲錢在孩子的成長道路上發揮出最大的價值。

當孩子問「我們家有錢嗎？」家長們該怎麼回答

如果某一天孩子突然對金錢敏感起來，並向你丟擲這樣的問題，「我們家有錢嗎？」作為家長，是應該為了培養孩子的自信心，「財大氣粗」地告訴孩子：「我們家不缺錢！」還是應該向孩子哭窮，讓孩子花錢要節制，改掉大手大腳的壞習慣呢？

一篇網路文章引起家長們的大量轉貼。文章說了這樣一個故事，晨晨突然問媽媽：「我們班的班長說他家裡有好幾間房子，郊區還有棟大別墅，我們家有幾間房子啊？」媽媽愣住了，還沒來得及回答，晨晨說：「媽媽，我們家是不是很窮啊？我們家的房子沒有班長家的大，我穿的鞋也沒他的好看。他說他的鞋是 NIKE 的……」

媽媽想了一會兒，說：「晨晨，作為學生的首要任務是讀書對嗎？」晨晨點點頭。

媽媽繼續說：「我們家雖然不是很大，但是很漂亮、舒服啊，你腳上穿的鞋也很合腳對不對？」晨晨點點頭。媽媽說：「我們家並不窮，但是我們得把錢花在更值得的地方。我們一家三口住這麼大的房子正合適啊，以後你成家立業了，就得換更大的房子了。媽媽不買 NIKE 鞋給你，是因為牌子並不是第一要緊的啊，重要的是這鞋適不適合你、合不合腳。」

聽了媽媽的話，晨晨漸漸明朗了起來。

家長在回答孩子的這類問題時，要考慮是否會影響到孩子的消費觀和內心的安全感。現實生活中，為了讓孩子變得更有底氣，有的家長會這樣回答：「我們家不缺錢！」有的家長怕孩子花錢大手大腳，便激勵孩子道：「這附近就數我們家最窮。我們家就靠你了，你要好好努力別像爸爸媽媽一樣沒出息。」還有的家長「豪氣干雲」道：「我們家的錢多得數

第五章 拒絕拜金主義，培養孩子正確的財富觀

不清，你乖乖聽話，將來這些錢都是你的。」

這些回答都可能會對孩子的金錢觀造成不良影響，有的孩子因此對金錢滿不在乎，花錢如流水；有的孩子學會了坐享其成，變成啃老族；更多的孩子虛榮心暴增，走上貪慕金錢的道路⋯⋯

家長最明智的回答是為孩子樹立起「核心價值觀」。家長得讓孩子明白：一個人是否優秀，在於人品的優劣及能力的高低，而不是由物質條件決定的；一個人的成就，並不需要豪宅、名牌來證明；眼下的生活都是暫時的，想要的東西，就得靠自己的能力去爭取。這才是最棒的財商教育。

外國有個小朋友問爸爸：「我們是富人嗎？」爸爸思索了一會兒，說：「我還滿有錢的，但是你沒有，因為你還不具備賺錢的能力。我的錢都是靠自己努力奮鬥賺來的，我相信你也可以。」

孩子問出這一類問題，大多是受到了四周環境的「刺激」，其中家長帶來的影響最大。愛慕虛榮的家長喜歡替孩子買各種名牌衣服、名牌鞋，孩子穿在身上覺得很有面子。

孩子有了名牌意識，就會經常在同學面前炫耀。若是對方更「財大氣粗」，他們一定會回家問家長：「我們家很窮是嗎？為什麼別人的衣服都是限量款而我的不是？」

一些物質條件並不富裕的家長，往往會因為孩子的這個問題而心生愧疚。他們擔心孩子會因此而自卑，便加倍地溺愛孩子，為孩子包辦一切。這種教育方式只會讓孩子變得自私冷漠。有一天家長老了、累了、操持不動了，孩子反而會責怪家長為什麼不能繼續為他遮風擋雨了。

當孩子問「我們家有錢嗎」，家長不要因為沒有給孩子創造最好的條

件而心生愧疚，而是應該趁機向其灌輸正確的價值觀，培養孩子對金錢的正確認知。具體可參考以下幾種回答：

◆ **實事求是**

務實的家長可以給孩子一個明確的答案。找來紙和筆，和孩子詳細介紹家中的收支情況，帶著孩子算算帳，讓孩子明白賺錢需要努力，其速度遠遠比不上花錢。

◆ **幽默化解**

為孩子辦理了個人帳號的家長可以將家裡的存摺和孩子的銀行卡拿給孩子看，告訴孩子：「你有五百元的存款，我們的存款是你的好多好多倍。這樣看起來我們很富，你很窮，你要加油哦。」

◆ **嚴肅回答**

有時候迴避或搪塞問題的效果都不好，不如嚴肅對待。按照孩子的性格，拿捏語氣，告訴孩子這樣的道理：家裡沒錢不丟臉，你和別人攀比才丟臉；家裡有錢沒什麼了不起，你憑藉自己的能力賺得財富才了不起。

孩子丟擲這些「尖銳」的問題時，家長那些脫口而出的、不妥當的回答可能會給孩子的人生埋下一顆「隱形地雷」。家長得在孩子對貧富有了初步的概念後，及時引導孩子建立正確的財富觀，帶給孩子足以受益一生的精神財富。

第五章　拒絕拜金主義，培養孩子正確的財富觀

當孩子伸手要錢，如何拒絕才最健康

　　家長都有被孩子伸手要錢的經歷，有些家長的反應是有求必應，有些家長卻對孩子伸手要錢的舉動分外反感，更多家長其實是不知道該如何去拒絕孩子。當孩子向家長伸手要錢時，如果家長不想答應孩子的請求，如何拒絕最為恰當？

　　康康和幾個要好的夥伴約好去逛街，臨行前，他纏著媽媽，希望媽媽能給他一點額外的零用錢。媽媽卻不肯給，黑著臉坐在沙發上玩著手機。康康一再懇求，媽媽皺著眉頭責備道：「你就只顧著玩，心都玩『野』了。」

　　康康的幾個小朋友站在門邊，面面相覷。康康低下頭，漲紅了臉。見他尷尬的樣子，媽媽從口袋裡掏出一百塊錢，拍在茶几上：「拿去！」康康愣在那裡，拚命忍住淚水。

　　孩子向家長伸手要錢，其實是對家長的一種依賴，家長是被信任的一方，如果孩子的自尊因家長粗暴的態度而受到了損傷，親子關係也會產生裂痕，乃至就此崩塌。

　　有些家長為了約束孩子的行為，乾脆告訴孩子家裡很窮沒有錢，這種拒絕方式會對孩子造成額外的壓力。一旦孩子整日為家裡的經濟狀況憂心忡忡，他怎能專心致志地去讀書？孩子以後若是遇到特別適合自己的發展機會，可能也會因為顧慮到家庭的經濟情況而退縮不前。

　　更糟糕的是，當孩子向家長伸手要錢去滿足自己的「欲望」時，家長的無情拒絕可能會引發孩子的偷竊行為。絕大多數家長遇到這種情況，第一反應往往是怒不可遏。為了讓孩子長記性，他們可能會採取最嚴苛的方式去懲罰孩子，卻忘了深入挖掘孩子不良行為背後的原因。

當孩子伸手要錢，如何拒絕才最健康

如果家長能在孩子伸手要錢時採取更科學的態度去應對，如果孩子能在自主消費上與家長取得共識，孩子就不會走上偷竊這條道路。

家長在拒絕孩子伸手要錢的行為時，可以用幽默的方式讓孩子知難而退。這既不會傷害孩子的自尊，也不會損傷親子間的感情。同時，這還是一個教育孩子的良機。

丹丹對爸爸欲言又止道：「爸爸，你能給我一千元嗎？」

爸爸問：「這個月的零用錢花完啦？妳要一千元做什麼呢？」

丹丹說：「班上的同學說，女孩子一定要會打扮，我想買一套好一點的化妝品。」

爸爸思考了一會兒，說：「可是我這幾個月的薪資都花在遊戲裝備上了，如今我也是兩手空空。不如妳向媽媽要的時候也幫我要點零用錢？」

丹丹「撲哧」一聲笑出聲來，隨後擔憂地說道：「爸爸，你怎麼在遊戲上花這麼多錢啊？媽媽知道了一定會很不開心的。」

爸爸低下頭，嚴肅道：「丹丹，我們來個協定，妳現階段的任務是好好讀書，而爸爸會戒掉遊戲好好工作，等妳考上大學了，爸爸會送妳一套最好的化妝品。」

丹丹點點頭，開心地寫作業去了。

家長還可以迂迴拒絕，告訴孩子要有節制，要學會計劃消費。若是花錢超過了預算，家長不會成為他們的「提款機」。在孩子要錢的時候，家長還可以藉機與孩子訴說自己的工作狀態，讓孩子明白大人賺錢的艱辛與不易。

其實，真正無理取鬧的孩子很少，大部分孩子經過家長耐心的勸導，都會意識到自己行為的失當之處。這一過程中，家長的態度要溫和

第五章　拒絕拜金主義，培養孩子正確的財富觀

堅定，不應在拒絕孩子的時候傷害孩子的自尊心，也不應在孩子撒嬌的時候進行妥協。

除此之外，家長還應注意以下幾點：

◆ 不要直接拒絕

尤其不要當著外人的面用嘲諷、冷漠的態度去拒絕孩子。家長應該問問孩子為什麼要錢，需要多少錢，有什麼規劃，趁機引導孩子樹立正確的消費觀念。

◆ 不要貶低孩子的欲望

家長總是會搬出一堆理由向孩子證明他的要求有多麼不合理，這反而會加深孩子心中的執念。面對孩子的要求，你可以不滿足，但不要用一堆傷人的話語去評判、貶低孩子。

◆ 別給孩子一種等待施捨的感覺

有的家長耐不住孩子的吵鬧，氣急了會把錢扔在地上，嘴裡嘟囔著一直罵，這會粉碎孩子的自尊心。孩子難免會覺得自己像個「乞丐」，向家長要錢是一種乞討的行為。

◆ 向孩子解釋被拒絕的原因

家長弄清楚孩子要錢的原因後，再考慮給不給錢，給多少錢。如果家長認為孩子的要求很不合理，不如慢慢地為孩子分析利弊，解釋拒絕的理由，請求孩子的諒解。

孩子沒有經濟能力，在面對控制欲強的家長時難免處處掣肘。家長用平和、理性的態度去對待孩子，孩子也會回報家長同樣的態度。教育最忌諱的是走極端，唯有「平衡」才是最明智的教育之道。

第六章
孩子的教養，
都藏在孩子閱讀的書中

第六章　孩子的教養，都藏在孩子閱讀的書中

閱讀，決定孩子一生是貧瘠還是豐厚

　　孩子有了空閒時間，是喜歡安安靜靜地坐在沙發上看書，還是抱著平板電腦打遊戲或者追新出的卡通？為什麼一讓孩子看書，孩子就表現得很抗拒？有些家長不禁感嘆：若是能夠看到孩子每天都捧著書看，該有多好。

　　良好的家教向來是無聲無息地薰陶。在書香薰陶中長大的孩子，人生自會變得豐厚、精采、有內涵。

　　對於現在的孩子來說，明明閱讀的機會非常多，但孩子靜下心來讀書的畫面卻越來越罕見。這是為什麼呢？

　　首先是因為留給孩子的閱讀時間遠遠不夠。隨著社會競爭壓力越來越大，「減負」的口號早已過時。孩子的課業負擔極重，很多孩子回家後要花三四個小時做作業，週末又要去參加各種課外輔導班。孩子忙得團團轉，有了點空閒時間就想著輕鬆娛樂，再也提不起精力去閱讀。

　　其次是因為孩子的成長環境裡缺少閱讀的氛圍。很多家長對國內社區的閱讀環境不甚滿意，放眼望去，超商、小吃店比比皆是，而適合孩子的閱讀區域卻少得可憐。

　　有的家長也沒有讓孩子閱讀課外書籍的意識，在他們看來，讀「閒書」的孩子沒出息，成績好就行了。所以他們也不會特意為孩子在家裡創造一個良好的閱讀環境。

　　若孩子的同齡夥伴間討論的都是時下最熱門的動漫、電視劇、遊戲或明星，卻沒有人對閱讀感興趣，孩子自己也很難看得進去課外書。

　　還有一種情況是，家長見孩子喜歡看漫畫書就氣不打一處來，於是

他們沒收了漫畫書，一味地逼著孩子讀一些枯燥無味的、超出其年齡範圍的專業知識方面的書，這讓孩子產生「讀書是一件極其無聊的事情」的印象，生生斷了孩子的閱讀興趣。

小藝的父母曾說：「當初之所以會選擇在這個社區安家，是因為樓底下正好有一家 24 小時書店。」平時，他們夫婦倆很喜歡買各類圖書給小藝，久而久之，小藝越來越喜歡讀書，知識面也越來越廣。放暑假的時候，小藝經常去樓底下的書店看書，一看就是一天。

家長若能讓孩子明白讀書其實是一件其樂無窮的事情，也許就能改變孩子的童年甚至是他的一生。然而，讓很多家長苦惱的是，市面上的書良莠不齊，看得人眼花撩亂，他們並不知道什麼樣的書才能稱得上是好書，什麼樣的書適合自家孩子閱讀。

其實，每個孩子的閱讀水平是不一樣的，有些 6 歲的孩子能完全看懂 8、9 歲孩子看的書。家長不要局限於孩子的年齡為孩子選書或者盲目參考別人推薦的書單。家長要多花心思去觀察、引導孩子的閱讀「口味」，找到現階段最適合孩子讀的書。

對於大多數孩子來說，在選擇書籍的時候，家長具體可參考以下幾個方面：

◆ 選擇神話故事或者科幻類方面的書

若孩子的詞彙量不夠豐富，就選一些故事性強的圖畫繪本。當孩子讀這些書時，鼓勵孩子無拘無束、天馬行空地去想像。

孩子閱讀了一段時間後，引導孩子用自己的語言去描述故事的經過，並和孩子討論故事內容和感想。比如《中國神話繪本》、紐伯瑞兒童文學金獎作品《時間的皺摺》等。

第六章 孩子的教養,都藏在孩子閱讀的書中

◆ 現實題材方面的圖書

無論是古今中外的名著,還是孩子讀的故事書中,都有一些與現實息息相關的故事。其中可能蘊含了對現實社會現象的批判與反思,讓孩子多讀讀這類書,潛移默化地薰陶孩子的世界觀和價值觀,比如說《追風箏的孩子》等。

◆ 自然科普類圖書

這一類的書將浩瀚宇宙、地球家園、生命誕生、植物王國、動物世界等一系列畫卷緩緩攤開在了孩子面前,孩子慢慢地對自己生存的這個星球、四季、自然有了更為深刻的了解。比如說《昆蟲百科全書》、《植物百科全書》等。

◆ 名人勵志傳記

讓孩子多讀讀名人傳記,了解成功人士成長的經歷、曾經歷過的艱難困苦和如今的榮耀。閱讀的過程中,孩子會對這些名人心生崇拜,立志向他們學習。這對孩子的成長有莫大的好處。比如《羅素自傳》、《富蘭克林自傳》等。

教育家克魯普斯卡婭曾說:「兒童閱讀在孩子生活中發揮著重大的作用。童年讀的書可以讓孩子記一輩子,影響孩子進一步的發展。」家長也不妨暫時丟開工作和生活中的瑣事,帶領孩子一起徜徉在書海中。也許,幾個小時的閱讀體驗就能讓孩子留下終生難忘的美好回憶。

為孩子留一間房，不如留一屋書

　　國外一所知名高等學府研究顯示：30% 的校內學生有厭學傾向。令人不禁心生感嘆：「在如今這麼優越的經濟條件下，為什麼孩子卻變得越來越空虛、頹喪，失去了進取心呢？」

　　一位著名教育家說：「一個人的閱讀史就是一個人的精神成長史。」現代人雖然不缺物質，可是精神生活卻很貧乏，否則也不會整天捧著手機打發時間。

　　對於孩子來說，一間房的價值遠遠比不上一屋書。為什麼這樣說？人與人的外表不同，先天智力也存在不小的差距。外表可以根據規律的運動及美容手段獲得改善，而想要拉近智力差距，就不得不依靠閱讀這個重要手段。這一點也早已被現代心理學研究證實。

　　人們總是在已有的知識框架上學習新知識，原先的知識體系越縝密扎實，越容易吸收新知識，智力也因此變得越發出眾。而且，提高孩子的聽說能力、寫作能力的最佳途徑就是閱讀。

　　在孩子小的時候，家長應多讓孩子讀文學作品，在孩子凝神細聽的同時，引導孩子對所聽內容進行分析和評價。隨著孩子漸漸長大，涉獵得越發廣泛，想像力變得越來越豐富，孩子的寫作能力也會穩步提升。他們寫出的文字往往比同齡人更有靈性。

　　閱讀還能提高孩子的批判性思維能力。文學鉅著中複雜情節和科普性文章中的系列論證可以讓孩子邊讀邊吸收，邊分析邊理解，慢慢地，孩子的目光也會變得機敏、靈透起來。

　　閱讀能讓孩子變得聰明、優秀，還會賦予孩子健康、多元的思維方

第六章　孩子的教養，都藏在孩子閱讀的書中

式。思維方式是否健康，衡量因素有眼界、心胸、價值觀等。徜徉在書海之中，好比駕駛一臺「時空旅行機器」，在古今中外最優秀的人與思想間穿梭不停。俗話說「腹有詩書氣自華」，在成長的過程中，孩子若能繼承到前人的精神財富，自然能夠看得更長遠，想得更深入。

閱讀同時具有明顯的心理修復功能。很多家長都會擔心孩子無法面對生活中的風風雨雨。而一個從小就建立起閱讀興趣的孩子，自我救贖能力是非常厲害的。

臺灣小魯文化董事長陳衛平先生很小的時候，父親就突然離世。他沒有留下任何財產，只留下一屋子的書籍。母親毫無謀生手段，家裡經濟情況每況愈下。走投無路之時，母親專門去向算命人求助。算命人卻說：「您的孩子家產不少，而且是父親留給他的。」

母親很失望，回家後對兒子說：「我看算命的也不準，還是靠自己吧！」母子倆攜手相助，走過了那段艱辛的歲月。父親留下的一屋子書籍成了陳衛平成長過程中的精神食糧，他如飢似渴地閱讀著這些書，漸漸成長為一個視野開闊、心胸豁達的人。二十年後，這些書被完整無缺地儲存了下來。陳衛平先生坦言道，他最大的樂趣還是和小時候一樣做一個快樂的愛書人。他說：「我要把最精采、最好看的故事寫出來，出版給所有的小朋友看。」

在家庭財富極速增長的同時，很多家長都沒意識到要去提升自我的眼界，更忽視了對孩子這方面的教育。他們每天計劃著要為孩子留下多少房子，卻忽略了能留給孩子多少精神財富。

法國作家雨果說：「各種蠢事，在每天閱讀好書的影響下，彷彿烤在火上一樣，漸漸熔化。」閱讀能讓孩子心理漸漸變得成熟起來，自我反思能力也在同步成長。孩子能夠從書中獲得的，是滋養心靈的養分，是壯大人生的力量。

做個愛閱讀的父母，孩子才會愛閱讀

　　目前的家庭教育中，存在著一種「畸形現象」：家長為孩子不愛讀書而憂心忡忡，不停地嘮叨著要求孩子多讀幾本書，與此同時，家長自己卻早已將閱讀的習慣荒廢多年。當家長連翻開書頁的感覺都不記得的時候，又有什麼立場去逼孩子讀書呢？

　　耳濡目染的薰陶比一味地說教更有用。家長若是一刻都離不開手機，連為孩子講故事的時候都心不在焉，或時不時抓起手機看一眼，又如何讓孩子靜下心來閱讀呢？

　　沒有哪個孩子喜歡被任務和規定束縛住，家長用嚴厲的喝斥和責罵將孩子逼到書桌前，孩子勉勉強強地看了幾頁書，卻可能從此對閱讀留下心理陰影。這完全是在浪費雙方的時間。

　　其實讓孩子愛上閱讀並不是一件很難的事情，因為孩子很喜歡模仿家長的言行。如果家長以身作則，每天都能抽出部分時間來閱讀，用這種方式引導孩子投入書海之中，慢慢地，孩子自己也能從一段段閱讀時光中挖掘出無窮無盡的興趣。

　　如果家長特別希望孩子能夠讀某本書，家長自己最好要先將這本書通讀一遍。這樣的話，家長跟孩子推薦這本書時，才能夠娓娓道來，言之有物。

　　想要激發出孩子的讀書興趣，家長在閱讀時可採用一些技巧。比如說，一邊讀書一邊歡快地笑起來，孩子看到了自然會湊過來問：「爸爸，你在看什麼有趣的書？」

　　這時候，家長可以就勢對孩子說起書裡的故事，說到關鍵處不妨停

第六章　孩子的教養，都藏在孩子閱讀的書中

下來賣個關子：「想要知道後面發生的事情，自己去書中尋找答案吧！」把書交給孩子，讓孩子自己去讀。

等孩子漸漸長大，家長就可以引導孩子去讀更有思想深度的書。家長在空閒的時候多和孩子討論書中的觀點，哪怕孩子想法幼稚，或者與書中的價值觀持相反意見，也不要隨意打斷，或者對孩子說一些含有批評、貶低意味的潛臺詞。家長要做的是耐心地呵護孩子勤於思考的習慣。

一些家長為了讓孩子愛上讀書，往往會去做一些目的性很強的事情。比如他們會蒐集一些優秀同齡人的讀書事蹟，添油加醋地說給孩子聽。他們原本是想激勵孩子，誰知孩子一聽就生了牴觸心理。

所以，家長在引導的過程中最好做到不著痕跡，別被孩子一眼看穿目的。而且家長的命令式口吻根本起不了「誘惑」的作用。閱讀本來是一件非常快樂的事情，別讓它演變成一種任務或競賽。

錢鍾書和楊絳夫婦酷愛讀書。他們的女兒錢瑗小時候看到爸爸媽媽在讀書，就調皮地跑過來搶他們的書看。後來夫婦倆為女兒買了一隻高凳和一本丁尼生的全集，教女兒讀起書來。

錢瑗看不懂那些密密麻麻的小字的含義，便用手握著鉛筆，學父母的樣子，一面低頭看那些小字，一面在書上亂畫。錢鍾書和楊絳看到了從不訓斥，只是耐心教女兒認字。

沒隔多久，錢瑗就看得入迷起來。有一次，她看到了一個很難的單字，連翻三部詞典也沒查到單字的含義。錢瑗便跑去問爸爸，爸爸卻讓她繼續再查。當她查到第五部詞典的時候，終於找到了這個單字的意思……

為了讓孩子愛上閱讀，家長可參考以下幾個意見：

◆ 多帶孩子去讀書會

很多圖書館、書店會針對不同年齡層的兒童定期舉行專場讀書會，家長平時要多留心這方面的資訊，多帶孩子去體驗。

◆ 給孩子的書要買夠數量，確保品種豐富

比如說，孩子很喜歡某個作者寫的書，而且這位作者又是圈內公認的經典大家，不妨將其作品陸續買齊。對於這種認同感極高的系列叢書，孩子會反覆地翻閱、認真地思考，不會囫圇吞棗地一帶而過。為了補充孩子的知識面，家長買書不要局限在同一種思路裡，可以買一些不同類型的書，確保孩子擁有足夠的閱讀量。

◆ 和孩子一起讀讀家長小時候喜歡看的書

一旦家長和孩子擁有了共同的回憶，能夠討論的話題就多了起來，關係也變得更加親密。

家長在家庭環境中是發揮決定性作用的角色，孩子可能一生都會受到家庭的影響。有時候，育兒更像是一場自我的修行。家長可以透過閱讀來豐富自己，也能照亮孩子的未來。

第六章　孩子的教養，都藏在孩子閱讀的書中

培養孩子的閱讀習慣要趁早

中國教育專家尹建莉強調說：「孩子的閱讀開始得越早越好。」蘇霍姆林斯基也曾說過：「七歲前學會閱讀，就會練成一種很重要的技能，邊讀邊思考邊領會。」當孩子能夠簡單坐穩，小手可以自如抓握時，家長不妨讓書本變成孩子最親密的玩具。

溫媽媽在孩子還沒出生的時候，就開始規劃起孩子的小書架。她和丈夫一起替孩子挑選了一個精美的書架，擺放在兒童房裡。孩子出生後的第六個月，書架上早已擺滿了繪本。

溫媽媽十分享受每天和孩子一起讀故事的時光。她注意到，小傢伙總是目不轉睛地盯著她，似乎聽得很入迷。每逢她說到精采的地方，小傢伙便手舞足蹈起來。

孩子長到七歲後，十分痴迷於看書。他房間裡的書架更換了好幾次，才勉勉強強能裝得下他的書。後來，溫媽媽乾脆帶孩子去附近的圖書館，替孩子辦了一張借書證。

溫媽媽從孩子極小的時候，就有意地培養孩子的閱讀興趣，精心打造孩子的閱讀環境，讓孩子將閱讀變成一個很自然的習慣。可見，孩子在極小的時候，生活的環境會對孩子往後的道路產生很大的影響。家長不能因為孩子年紀太小，就輕視了成長環境的重要性。

閱讀也是一樣，越早培養孩子的閱讀興趣，越能讓孩子受益終生。然而，在家長的傳統觀念裡，孩子只有在識字的基礎上才能開始閱讀。不少家長為了自家孩子能順利度過「幼小銜接階段」，會在孩子上學前班之前先送孩子去上識字班。

對此,一位教育專家坦言,不少家長在親子教育方面視野較窄,完全沒弄清識字與閱讀完全是兩回事。他說:「識字多半是記憶,而閱讀多半是思維。識字為閱讀服務,而閱讀又能增加識字量。兩者相輔相成、缺一不可。」

讓孩子早些認字是很有必要的,但並不意味著家長直接拿識字卡片教孩子認,或者單純地送孩子去上識字班就算完成任務。其實,家長完全可以在閱讀中加強孩子的識字能力,結合上下文訓練孩子的理解能力,或者乾脆將字面意思直接指給孩子看,比如:孩子學習「花、草」等字的時候,帶孩子看看身邊的花草,給孩子帶來直觀感受。在閱讀和生活中「不露痕跡」地教孩子識字,才是最有效的做法。

尹建莉從女兒很小的時候就開始對女兒講故事,不同於其他家長的是,但凡是書上有文字,她一定會用手指著對女兒讀出來。在女兒不到兩歲的一天,女兒正捧著一本童話書津津有味地看著,一邊看一邊用胖乎乎的小手指著書上的字大聲讀起來:「醜小鴨孤零零地走到河邊⋯⋯」坐在旁邊的叔叔驚呆了,以為這些字孩子都認識。

尹建莉笑著解釋道:「其實她只是學著我的樣子做罷了,她其實並不知道這些字是有內容的。」有時候尹建莉見到街道牆上寫著字,就會停下來,指著給孩子讀出來。有時候買東西回家,尹建莉也會指著商品標籤上的文字,教孩子唸。等到女兒上小學一年級的時候,幾乎能將語文(國語)書上的課文從頭讀到尾,基本碰不上生字。

朱熹說:「讀書之法,在循序而漸進。」早期閱讀一般從家長替孩子朗讀故事開始。慢慢地,孩子開始看一些夾雜少量文字的圖畫書。隨著孩子閱讀能力增強,他們對一些小故事產生了興趣。之後看的書便越來越厚,讀的故事越來越長。

第六章　孩子的教養，都藏在孩子閱讀的書中

在這種閱讀活動的過程中，家長要幫助孩子完成從圖畫形象到文字符號的過渡。對於0～3個月大的孩子來說，家長可以選擇一些讀起來抑揚頓挫，比較有韻律感的書讀給孩子聽，比如說押韻的詩歌、兒歌等。讀的時候注意表情和語氣的生動配合，能讓孩子的注意力更加的集中。

對於3～6個月的孩子而言，家長不妨選擇一些書頁顏色協調的圖書教孩子閱讀，注意不要選擇顏色太過於鮮豔的書，避免對孩子的眼睛產生不良影響。另外不要選擇字體太小的書，不方便孩子認字。

一歲左右的孩子的專注力已經得到了提升，家長可以選擇一些貼合其年齡的故事書去讀給孩子聽，邊讀邊講解。這一時期的寶寶看書的興趣一般只能持續3分鐘，家長選擇的故事要短一點。

有一位媽媽曾經焦慮這樣一件事，她在替自己不到一歲的孩子讀一些小兒書時，孩子卻躁動不安，並產生了撕書的行為。

其實這是一種正常的現象。孩子撕書的階段會很快過去。關鍵是家長要發自內心地喜歡這種相處方式，不要因孩子無法保持標準的讀書姿勢而不耐煩。在這個過程中，其實沒必要遵循固定的方式。比如說家長一定要正襟危坐，嚴肅地讀，孩子一定要老老實實地聽。保持和諧融洽的氛圍，可以選擇怎麼舒服怎麼來。

孩子年齡越小，家長越不能帶著教育的心態去和孩子相處。淡化教育痕跡，在與孩子一起享受讀書時光的同時確保適量的戶外運動、親子遊戲等，這些都非常重要。

世界各地的幼教專家一致認為：孩子的口語表達能力及思維智力的發展與早期閱讀息息相關。家長要儘早培養孩子良好的閱讀習慣，讓孩子的成長路途中充滿書香氣息。

書籍能帶給孩子靜下來的能力

經常聽到家長抱怨自家孩子太過於調皮好動,尤其是在家裡來客人時,孩子總是在客廳裡跑來跑去,或在沙發上蹦跳個不停。想要讓多動的孩子靜下來,家長不妨讓孩子養成愛看書的好習慣。當孩子愛上了閱讀,教育就成功了一半。

比爾蓋茲小時候很是活潑好動。當他還是個小嬰兒的時候,每當搖籃有節奏地搖晃起來,他就會笑得很開心。童年時期的他喜歡跳上跳下,一刻也不得安寧。到了上小學的時候,老師多次向比爾的母親瑪麗談話,投訴孩子總是在上課的時候搖來晃去。

唯一能讓小比爾安靜下來的只有書籍。早在比爾 3、4 歲的時候,身為教師的母親為了方便照顧他,會帶著他一起去上課。每當母親講到西雅圖本地歷史和文化時,小比爾就會聚精會神地看著她。到了 7 歲,小比爾最喜歡的一本書是《世界百科全書》。他每天都要花好幾個小時去讀這本書,那認真專注的樣子讓父母驚奇不已。

為什麼說書籍有能讓孩子靜下來的能力呢?首先,讀書是一個令人享受的過程,它擁有其他娛樂無法比擬的「魔力。」沉浸在書香中的孩子往往有著不俗的氣質修養和豐富的內涵與閱歷。

其次,閱讀需要安靜,孩子只有靜下來才能進行分析和思考,同時提高表達能力。家長若能將孩子成功「引誘」上閱讀這條康莊大道,哪怕孩子天性再好動,也會老老實實地穩坐在書前。

很多家長為了讓孩子安心讀書,乾脆拔下網路線,關掉電視機。扔給孩子一本書後,就將孩子關進房間。然而,這種強制性手段反而會讓孩子變得越發暴躁。

第六章　孩子的教養，都藏在孩子閱讀的書中

家長想要誘惑孩子讀書，不妨用一些「小手段」。比如製造家裡斷網、停電的假象。在孩子百無聊賴的時候，家長卻待在一旁看起書來。挑起孩子的好奇心後，再適時向孩子推薦一本有趣的書。等孩子坐下來讀得入迷後，自然會將心心念念的遊戲拋到腦後。

孩子總也靜不下心來讀書，可能是因為有些家長無意中破壞了孩子的閱讀興趣。有一位家長為了考察孩子注意力是否集中，總是在孩子看完一本書後，立刻要求孩子複述書中的故事，強迫孩子背誦其文辭優美的段落，或者要求孩子剖析心得。

如果孩子搞混了人物名稱，複述故事的時候結結巴巴，家長就會責怪孩子不夠專心，是在浪費時間。然而閱讀注重的是體驗。如果孩子帶著識記的目的去閱讀，只會越讀越覺得枯燥乏味。在這種情況下，書籍對於孩子而言，就失去了它的魔力。

對此，教育專家蘇霍姆林斯基總結道：「人所掌握的知識的數量，也取決於腦力勞動的情感色彩：如果跟書籍的精神交往對人是一種樂趣，那麼他並不以識記為目的的大量事物、真理和規律性知識就很容易進入他的意識。」

芳芳的兒子從小調皮搗蛋，讓她頭痛不已。有一天，她買回了一大疊色彩鮮豔的童話書放在了孩子的書桌上。孩子立刻被這些書吸引，抱著書讀了起來。見兒子難得安靜了一整天，芳芳心裡暗暗得意。晚飯時，她讓兒子將今天讀的書講給她聽，再談談感想。聽後，兒子卻不樂意。芳芳皺眉道：「你先說完，然後再吃飯。」想不到兒子將筷子一扔，衝進自己的房間關上了門。那些書孩子只看了幾天，便扔在了一邊。芳芳卻不知道問題出在了哪裡……

書籍能帶給孩子靜下來的能力

有些家長為了誘導孩子讀書，便投其所好，專門買漫畫書給孩子讀。孩子過動的毛病貌似改掉了，但孩子的表達能力、作文水準卻無絲毫成長。

孩子看漫畫書與看電視、電腦無異，都是以接受影像的形式接收資訊。圖片帶來直觀感受，而文字卻能刺激兒童語言中樞的發展。一旦孩子習慣了前者，便再也耐不下性子去讀較為複雜一點的文字了。家長引導孩子慢慢從「讀圖」轉化成「讀字」，建立真正有益的閱讀習慣，才能讓孩子的內心沉澱下來。

有些家長為了讓孩子更加專心一點，會要求孩子放慢閱讀速度，或者低聲誦讀。這些要求反而會對孩子的專注力帶來干擾。大多數孩子的閱讀目的極其單純，他們迫切地想知道後面的故事情節，所以往往讀得飛快。家長只注意到孩子「一目十行」，擔心孩子無法吸收書籍的「營養」，卻忽略了孩子此時正全身心沉浸在閱讀的體驗中，整個人處於非常安靜的狀態。

一本情節曲折、意味雋永的好書完全可以讓吵鬧的孩子安靜下來。只是，在引導孩子閱讀的過程中，家長要注意方式和技巧。

第六章　孩子的教養，都藏在孩子閱讀的書中

讓孩子愛上睡前閱讀

一次少兒讀書會上，主持人問現場的孩子：「爸爸媽媽會講故事給你們聽嗎？」孩子們七嘴八舌地討論起來。有的說：「媽媽忙著敷面膜，我求她好幾次了，都不肯讀的。」有的說：「爸爸媽媽說自己白天上班好累，讓我自己讀。」

家長們經過白天忙碌的工作後，很容易忽視孩子的睡前閱讀。然而，睡前閱讀的作用卻超乎人們想像。按照一位兒童閱讀推廣人的話來說：「睡前替孩子讀5至15分鐘的書，比你跟他說一天話都有效。」

美國暢銷兒童書作家蘿拉‧努梅羅夫（Laura Numeroff）曾在接受記者採訪的時候說，從她很小的時候開始，父母無論多忙，每晚都會抽出時間讀故事書給她聽。父母總是用充滿磁性的語調緩緩講述著那些故事情節，並耐心地解答她喋喋不休的疑問。

蘿拉‧努梅羅夫坦言，正是從那時候開始，她愛上了讀書。在她九歲的一天，她讀到一則精采的故事，心情久久無法平復。生平第一次，她拿起筆來，嘗試著去創作。而今天，寫作已經成為了她的職業。

夜晚是人一天中最缺乏安全感的時候，孩子如果抱著孤單、失落的心情入眠，睡眠品質將大打折扣。良好的睡眠品質是維持人體生命力的關鍵性因素。孩子睡得不好，大腦神經組織就會受到損傷，嚴重時會危及身心健康。

家長可以利用睡前的十幾分鐘時間，靠在孩子身邊，對孩子講一些溫馨、有趣的小故事。伴隨著家長對故事的娓娓道來，孩子緊張的心情也會舒緩下來，心裡的安全感就會增強。

讓孩子愛上睡前閱讀

睡前閱讀同樣可以促進孩子大腦的發育，提高孩子的邏輯思維能力、閱讀理解能力和語言表達能力。家長的用心講解也能讓孩子的知識面得以不斷擴充。正如蘿拉・努梅羅夫所說：「每晚臨睡前讀上 20 分鐘的故事，美國兒童的讀寫能力就會完全不同。」

而且家長與孩子一起共度的那些睡前時光會成為雙方此生最美好的回憶之一。當孩子無比乖順地注視著家長的時候，正是進行親子溝通的最佳時機。

每晚 9 點是媽媽陪奇奇讀書的時間。每一次媽媽幫奇奇洗完澡後，都會把書桌整理得十分乾淨整潔。她將一切電子產品都收起來，選好書，為孩子進行朗讀。有一天，媽媽躺在床上給奇奇讀書，她關掉大燈，只留一盞檯燈，讓奇奇將頭靠在自己的臂彎裡，在昏黃的暖光中給奇奇讀著《狼來了》的故事。其實是為了批評孩子白天對她撒謊的行為。媽媽的語氣中沒有絲毫責備，反而無比溫柔，奇奇聽著聽著便開始向媽媽道起歉來……

家長給孩子讀的睡前故事要注意其中的寓意，其顯示的是一種社會基本價值觀和正確的行為模式。家長利用睡前閱讀告訴孩子怎樣做是好的，怎樣做不對，孩子會因此變得越發懂事。

讓孩子愛上睡前閱讀，家長可參考以下意見：

◆ **注重規律和儀式感**

睡前閱讀最好定在固定的時間，並堅持下去。家長不要在有興致的時候就給孩子讀兩段，有時候太累了就乾脆取消這個活動，這會讓孩子留下敷衍、馬虎的印象。

如果孩子剛玩過遊戲，正沉浸在興奮的情緒中。先緩一緩，別急著

讀書。培養儀式感不僅可以讓孩子迅速進入狀態，同時也是在提醒孩子，這是件無比重要的事情，需要認真對待。

◆ 用書面語代替口語

平時家長跟孩子說話的時候已經大量使用口語了，如果讀故事的時候還用口語，並不利於孩子詞彙量的增加和語感的培養。

◆ 掌控節奏

家長在對孩子講故事時，故事的前半部分應該盡量講得跌宕起伏一點，吸引孩子的注意力，後半部分卻要適當地放緩節奏。不要讓孩子的大腦皮層在睡前處於過度興奮、疲勞、憤怒、恐懼或哀傷的狀態，這樣會影響孩子的睡眠。為了掌握好故事的節奏，家長也可以根據故事內容進行適當的調整。

◆ 適當改編

孩子的理解、吸收能力各不相同，家長可根據自家孩子的情況對故事進行適當的改編。比如說，為故事換個背景；將長篇幅的故事壓縮；將故事中拗口的人名換成周圍鄰居、同事、其他小朋友的名字，便於孩子理解和記憶。

讓很多家長煩惱的是，在向孩子講故事的時候，孩子總是會讓他們反覆朗讀同一個故事。很多家長會感到不耐煩，但是，家長應該耐心地滿足孩子的這些要求。因為替孩子講故事，數量遠遠不及品質重要。重複性的故事還能夠輔助孩子迅速入眠。孩子的年齡是決定重複頻率的關鍵性因素，對於年紀較小、理解力較弱的孩子來說，故事的重複率要偏高一點，比如說一週重複講一個故事。

適合給孩子閱讀的睡前讀物有很多，這裡稍做推薦：《小王子》、《夜鶯與玫瑰》、《當世界年紀還小的時候》、《夏綠蒂的網》等。

家長怎樣利用睡前這段時間來陪伴孩子，對孩子的成長有著十分重要的影響。對於孩子而言，沒有比一個富有哲理的故事更好的睡前禮物了。

第六章　孩子的教養，都藏在孩子閱讀的書中

多閱讀一些經典名著

孩子的寒暑假作業中經常包含著這樣一項內容：閱讀經典名著，並在家長的指導下撰寫讀後感。家長不由頭痛起來，不知道應該為孩子挑選哪些書去讀。

諾貝爾文學獎得主莫言雖然只上到小學五年級就離開了學校，但他卻極其迷戀讀書。那時候的農村幾乎看不到電視、電影、收音機的身影，莫言就依靠一本《新華字典》看起了一本本「閒書」。

家裡大人很反對莫言看這些閒書，因為他經常會因為看書耽誤割草、放牛羊。那時候，他看的書有《劉禹錫詩文選注》、《歐‧亨利短篇小說選》、《哈姆雷特》、《飄》等。2012 年，獲得諾貝爾文學獎的莫言感嘆道：「如若當初我沒有讀過世界著名的文學經典，那麼我根本不會有今天的成就！」

一位當代哲學家曾一再強調，父母要趁著孩子還小、記憶力好的時候，讓他們多讀一些經典名著。他坦言，自己如今的學識正是得益於幼年時期的訓練和薰陶。

那麼，什麼樣的書才能稱之為經典名著？很多家長對此並無明確的概念，他們認為只有老師推薦的，或者出現在課本、考卷上的書才能稱為名著。在家長的督促下，孩子會覺得讀這些書只是在應付考試而已，感受不到名著的魅力。

在一些家長的觀念裡，符合當代主流價值觀的書即名著。這種看法並不客觀，能夠在歷史中源遠流長、始終熠熠生輝的書籍才可稱之為經典名著。

名著也不一定只包含文學的範疇。家長想要當好孩子的閱讀領路人，先得提升自己的眼界，主動去擁抱廣闊的書香世界。

名著涉及的領域很多，比如哲學、藝術、科學、歷史等。每個孩子都該擁有屬於自己的名著清單。如果孩子對藝術感興趣，家長可以為他們買一套《藝術哲學》；孩子喜歡歷史，就為孩子挑選一些歷史方面的專家名著，比如《全球通史》、《時間簡史》等。

很多孩子都有過被家長買的「大磚頭」折磨得不勝其煩的經歷，結果對名著留下了「後遺症」，一提到讀名著，就像是被安排寫作業一樣沒有樂趣。家長若自己都沒看過幾本名著，卻對孩子諸多要求，一定無法得到理想中的效果。

曾有一位記者來到某小學，隨機採訪了十幾位小學生，記者問道：「各位小朋友有讀過《傅雷家書》、《邊城》這些書嗎？」

小朋友們迷茫地看著記者，不約而同地搖起了頭。一位小男生說：「這些書實在是太枯燥了，沒有網路小說好看。」另一個小朋友則回答說：「爸爸買了好多厚厚的書給我，要求我看完，但我看了好久，連一本都沒看完。」

想要激發出孩子對經典名著的興趣，家長可採取以下建議：

◆ **從電影、動漫、遊戲入手**

很多名著因為人物形象立體飽滿、故事情節曲折豐富，被改編成了電影、遊戲等諸多形式。比如電影《孤雛淚》、《愛麗絲夢遊仙境》等，托爾金的《魔戒》及路易斯的《納尼亞傳奇》都被改編成遊戲、電影。

家長可以先帶著孩子接觸這些更富娛樂化的形式，等孩子熟悉了故事情節、人物後，很可能會主動提出要買原著閱讀。

第六章　孩子的教養，都藏在孩子閱讀的書中

◆ 挑選名著中最精采的片段開始閱讀

比如《西遊記》中的「大鬧天宮」、「三打白骨精」等都堪稱經典章節。若孩子沒有耐心，家長可以將這些片段單獨拎出來，激發孩子的閱讀興趣。

◆ 帶孩子參觀作者故居，或帶孩子參加與作者、故事中的人物息息相關的活動

很多地方會舉辦「講孔子故事」的活動，孩子在參加過程中會了解到孔子的生平經歷，這時候家長再將《論語》推薦給孩子，孩子自會欣然接受。

有條件的家庭可帶孩子去參觀名人故居，比如林語堂故居、梁實秋故居，或者國外的勃朗特三姐妹故居等。路上家長可以和孩子說一些名人創作背後的故事。

8～14歲堪稱孩子人生中的黃金閱讀期，家長要充分利用好這一時間段，讓孩子多讀一些經典名著。這其中，少不了家長的有效引導。家長不妨將名著中艱深晦澀的文字轉變成適合孩子認知的內容，並嘗試著從書中挖掘出一些有價值的話題來引發孩子思考。

很多名著適合反覆咀嚼，家長可以由著孩子的興趣來，不必給孩子的閱讀設定期限，比如說必須一年內讀完某本書。孩子如果對某本書感興趣了，就多讀幾遍，沒了興趣，就暫時丟在一旁。家長不要過分干涉，孩子很可能過了這個階段又會將書撿起來從頭再讀。

能夠被稱之為「經典」的作品一定歷經了時代的考驗，讓孩子從簡單的繪本開始接觸名著其實是在替未來打基礎。孩子當前可能因為年紀太小而無法理解名著中那些複雜的情感，但這些閱讀的時光卻使孩子的一生都留下了深刻的烙印，即「慢慢成了自己的東西，終身受益」。

如何讓孩子的功課和課外閱讀平衡發展

很多家長好不容易讓孩子對閱讀產生了興趣，開學之後，繁重的學業卻頻頻打亂孩子的閱讀計畫。究竟是將閱讀進行到底，還是讓孩子將所有精力集中於功課上？

小涵是一名五年級的小學生，明年就要面臨國小升國中考試。小涵的媽媽十分反對他讀課外書，害怕他讀了「閒書」，心會變「野」，導致成績退步。

一天放學回家後，小涵一頭鑽進自己的房間，悄悄關上門。媽媽起了疑心，找藉口讓小涵和她一起去超市，誰知她喊了幾遍小涵都沒聽到。媽媽推開門，發現小涵正趴在桌前津津有味地讀著一本書。她走進去奪過來一看，是一本厚厚的小說。媽媽一怒之下，把小說撕得粉碎。

有些家長擔心孩子會因為讀多了課外書而偏科，可是實際上教科書不可能面面俱到地教給孩子所有知識，課外書是教科書的補充和延伸。課外閱讀能給予孩子全面的營養，孩子有了足夠的閱讀量，理解能力就能大幅提高，學業反而會進步飛速。因此，教育專家建議，基礎教育階段的孩子每天至少要維持20～30分鐘的閱讀時間。

若確實發生了孩子因痴迷於課外書而對功課造成影響的情況，家長也不要發怒，這是可以引導的。比如：用小遊戲將學習與課外書結合起來，激發孩子的學習興趣。

媽媽陪著七歲的晴晴看完了一本有趣的故事書，之後她們玩起了一個小遊戲。媽媽迅速說出書中的某個名詞、某句話，晴晴翻開書，耐心地找了起來。晴晴找到對應的那句話便大聲朗讀，媽媽隨機圈出這句話中的某個詞語，讓晴晴默寫出來，之後再結合這個詞語造句⋯⋯

第六章　孩子的教養，都藏在孩子閱讀的書中

孩子如果問：「媽媽，我能先讀一下書再寫作業嗎？」這個時候，家長一定要讓孩子明白，學校功課是首要的，必須先做完作業才能看課外書。最好在孩子國小階段，課業不太繁重的時候引導孩子大量閱讀，提升孩子的眼界，這也是為之後的學業打基礎。

然而，隨著孩子進入中學，家長又開始擔心：孩子功課那麼忙，很難保證孩子課外閱讀的時間，應該怎麼辦？閱讀固然要變成孩子的每日必修課，但家長可「彈性」對待。首先，閱讀的內容不可拘泥，時間充裕就去讀艱深長文，時間短就選擇淺閱讀。閱讀的形式也不必局限於文字，可選擇收聽有聲讀物等。

如果實在擠不出太多時間，就要慎重為孩子選擇閱讀資料。例如：一位媽媽每天都會讓孩子誦讀一首古詩詞，這花不了多少時間，但日積月累下來，孩子也能背很多首古詩詞了。

為了讓孩子將閱讀習慣堅持下去，家長要定期為孩子制定一些伸手就能搆著的閱讀小目標，比如每學期讀完 10 本書，這樣，孩子才會主動找時間去閱讀。

想要徹底解決孩子功課和課外閱讀平衡發展的問題，家長得教孩子學會時間管理。具體可參考以下建議：

◆ 利用好碎片化時間

有的家長會讓孩子隨身帶著課外書，利用早上上學前，或搭乘交通工具的空閒時間去閱讀。利用這些碎片化時間，積少成多，也能大有收穫。

◆ 提高課內作業效率，節省時間

讓孩子明白，校內時間必須好好利用。聽課效率高，就免除了課後複習、背誦默寫的時間；高品質地完成作業，就免除了修改、重複抄寫

的時間；做作業時寫字速度加快，花在作業上的時間就越來越少。如此一來，閱讀課外書的時間就增多了。

◆ **免除沒必要的興趣班**

課外補習班、興趣班一多，孩子就沒有足夠的時間和精力去閱讀了。這時候家長要做好權衡，寧願免除一些不必要的興趣班，也要為孩子騰出整塊的閱讀時間。

◆ **尋找合適的閱讀工具**

比如說用自己的手機下載一些軟體，幫助孩子規劃日常課程學習和課外閱讀，並和孩子一起定期做閱讀打卡，這會讓孩子的成就感油然而生。

當然，無論家長計劃得如何周全，生活中卻常常有意料之外的事情發生，比如：家長在與孩子一起制定日程表的時候，不要將時間都填滿，最好空出一些時間。這些時間可以用來彌補孩子被「侵占」的課外閱讀，也可由孩子自主安排。

其實，在繁重的學業之餘，讓孩子保持閱讀習慣，對他們而言是一種精神上的放鬆和享受，能有效減輕孩子的學習壓力。

第六章　孩子的教養，都藏在孩子閱讀的書中

第七章
樹立夢想，讓孩子成為有教養、有理想的人

第七章　樹立夢想，讓孩子成為有教養、有理想的人

選擇飯碗教育，還是夢想教育？

孩子學習態度懶散，總認為是在為家長學。家長不免焦心，於是，常常教育孩子，在學校一定要循規蹈矩，抓緊一切時間去讀書，這樣才能考上好大學，找到好工作，端上金飯碗。可是孩子卻對家長的話左耳進右耳出，滿臉不在乎的樣子。到底應該怎麼辦？

其實，很多時候飯碗教育產生的效果遠遠比不上夢想教育。

日本著名作家、電視節目主持人黑柳徹子小時候在上課時總是不認真聽講，經常違反紀律做一些出格的事情，成績也變得越來越糟糕。黑柳徹子的媽媽是一位溫柔的女性，在聽到老師對黑柳徹子的批評後，她沒有責怪孩子，而是找到另一所學校，為孩子辦理了轉學手續。

多年後，黑柳徹子回憶說：「如果，當我還是一年級的小學生時，媽媽對我說『怎麼搞的？妳竟然弄到要退學！我們只好再找一個學校了，如果再退一次學，就沒有學校要妳了！』那樣，當我第一天走進巴學園時，會是多麼沮喪而惴惴不安啊！」

媽媽經常帶著黑柳徹子去室外玩耍，有一次，黑柳徹子看到街邊的宣傳藝人，心生渴望，立刻對媽媽說長大後想當宣傳藝人。媽媽很開心，第二天她就為黑柳徹子找來了一大堆有趣的資料⋯⋯

很多家長為了讓孩子產生危機感，會對孩子反覆強調社會競爭有多激烈。他們的本意是為了讓孩子奮發圖強，從小就有一顆不甘落於人後的心。可是，對於不諳世事的孩子來說，他們本人無法感受到危機的存在，因為他們產生不了跳出危機的緊迫感。

飯碗教育有其獨特的作用，比如說，一名農村孩子第一次來到大城市的時候，內心不由深受震撼。不用家長強調，這名孩子已經開始對自

己進行危機教育:「如果不好好努力,永遠也融入不了這樣的世界。」上一代很多年輕人正是在危機教育中崛起的。

然而,這一代的很多家長卻忽視了社會大環境的變化。絕大部分孩子都出生在衣食無憂的家庭中,家長描述的未來場景在孩子們看來遙不可及。孩子的第一反應一定是不相信,哪怕信了也會抱持同一個心態:「反正有父母在,餓不著我們。」

面對低齡孩子,家長進行過多的危機教育只會帶給孩子不安全感,不利於孩子的身心健康。而國、高中階段的孩子已經感受到了撲面而來的危機,家長再過分強調反而會增加孩子的焦慮感。這時候,危機感不僅無法成為孩子讀書的動力,還會變成壓力和阻力。

科學研究早已證明,無論是成年人還是孩子,只有在為興趣和夢想埋頭前進時,才甘心苦中作樂,並樂此不疲。家長應該用夢想教育來代替飯碗教育,從孩子的愛好、興趣著手,挖掘孩子的優勢、潛能,早早地在孩子心中埋下一顆夢想的種子。

家長應該做的,是在日常生活中對孩子的興趣多加觀察,耐心傾聽孩子的心聲,同時挖掘、呵護和培養孩子的夢想,鼓勵孩子為夢想而戰。

雷雷第一次嘗到披薩的時候驚呆了,他對爸爸說:「真想知道這個餅是怎麼做出來的。」爸爸對這句話很上心,他立刻為雷雷訂了各種美食雜誌,帶著雷雷了解起披薩的起源、做法。

到了雷雷上高中的時候,他對西方的各種美食產生了濃厚的興趣。雷雷的老師不止一次勸說雷雷爸爸督促雷雷讀書,備戰學測。最後爸爸卻聽從雷雷的心願,將他送入了餐飲系學做西餐。畢業後,雷雷直接進入一家五星級大飯店實習。再後來,他被送到法國進修。當他回到國內時,已經成為遠近聞名的西餐廚師。

第七章　樹立夢想，讓孩子成為有教養、有理想的人

夢想從何而來？它基於兩個方面，其一是對實現自我價值的渴望，其二是源於現實。人人都渴望用夢想來證明自己。對於孩子來說，這種動力會更強烈。

另外，夢想不是憑空產生，孩子只有深入生活，了解生活，並發自內心地熱愛生活，讓成長過程鮮活生動，才能建立起更具體、更現實的夢想。

家長在進行夢想教育的過程中應注意以下事項：

◆ 帶孩子去體驗館，體驗不同的職業，嘗試各種新鮮事物

家長不妨試著從實踐中入手，為孩子提供豐富多彩的實踐活動。在家中可以鼓勵孩子多多動手，體驗勞動。同時，多帶孩子到體驗館，感受不同的職業氛圍，比如醫生、教師、警察、消防員等，以滿足孩子的好奇心，夢想或許就此發芽。

◆ 引導孩子去閱讀、觀看追逐夢想的相關作品

比如迪士尼的兒童電影《可可夜總會》；勵志電影《當幸福來敲門》、《奇蹟男孩》；《紐約時報》暢銷書作家安德里亞·貝蒂寫給孩子的夢想三部曲《羅西想當發明家》、《喬伊想當建築師》、《艾達想當科學家》；兒童故事書《不一樣的卡梅拉》等。

◆ 讓孩子多接觸身邊有夢想的人，給孩子帶來積極影響

圍繞在孩子身邊的家人、老師、朋友若能懷揣著火熱夢想，並身體力行地為夢想去奮鬥，將會給孩子帶來積極的影響，孩子便能明白夢想是件既有趣又有意義的事情。

家長要經常和孩子談論夢想，對孩子的教育一定要從大的層面出

> 選擇飯碗教育，還是夢想教育？

發，讓孩子盡可能擁有更高的眼界和心胸。家長若只盯著眼前的飯碗，孩子未來的格局和成就也難以大得起來。正如教育專家所言：「教育的關鍵，就是鼓勵孩子『做夢』。」

第七章　樹立夢想，讓孩子成為有教養、有理想的人

好孩子不是得第一名，而是被喚醒夢想的種子

　　大多數家長喜歡向孩子灌輸「一馬當先」、「力拔頭籌」的觀念。如果將孩子當作一輛汽車，爸爸媽媽、爺爺奶奶、外公外婆都在牟著勁兒地推著汽車前行。然而，孩子自己卻一直拉著手煞。雖然全家人推得辛苦，但車卻越開越慢，搞不好隨時會爆胎。

　　只有將手煞放鬆，將發動機點燃，汽車才能順利地開起來。可見，家長要想讓孩子在人生路上向前飛馳，不應該逼迫孩子去拿第一名，而是想辦法激發孩子的內在動力，點燃孩子的夢想。

　　著名學者林清玄小時候讀書很差，每次考試都不及格。有一次他好不容易考過60分，拿著卷子回家給父親看。父親接過試卷，反而爽朗地笑起來。

　　父親寬容的態度讓林清玄很慚愧。雖然林清玄成績不太好，父親卻敏銳地發現林清玄喜歡看書，便鼓勵林清玄用筆記錄下心中的想法。於是，林清玄開始嘗試起了寫作。身為農夫的父親常常對他說：「寫作也像耕田一樣，只要你天天下田，就沒有不收成的。」

　　林清玄建議家長們：「如果你的孩子是第一名，就讓他別那麼努力，輕鬆拿到第7名到17名就可以了；如果你的孩子是後幾名，那就讓他努力進到前17名裡面吧！」

　　家長都很重視孩子的成績，但是孩子一直在獲取高分的壓力下學習，會特別容易陷入某種惡性循環。孩子不堪重負之下，成績反而越來越差，連對未來的信心與勇氣也漸漸喪失。

　　單純以成績的高低來評判孩子的未來極不客觀。人的五指各有長

短，孩子也是一樣。有的孩子雖然在讀書上欠缺天分，但他們的優勢往往展現在別處。家長應該透過多種教育形式，讓孩子的天賦得到最大可能的發揮。

想要喚醒孩子內心夢想的種子，家長就要牢記教育聖人孔子的「因材施教」，根據自家孩子的特點來教育孩子，學會引導和陪伴孩子走向最適合他的方向。

其次，觀念是根本。面對孩子的教育，家長一定要捨得投資。為了讓孩子能自由快樂地成長，家長要盡力為孩子提供更好的舞臺。

至於孩子的成績問題，家長既不能「唯成績論」，也不能放任自流。要在日常生活中與孩子一起做好學習規劃，比如假期裡每天在作業上花多長時間，應該達到怎樣的完成度，有問題找誰請教等。同時制定好孩子違反約定必須接受的懲罰。

比如孩子的作業若沒有按時完成，或者作業錯誤率高，讓孩子接受玩樂時間減半的懲罰。制定好規則後，家長不要過多干涉孩子自己的安排，只要適時提醒孩子分清事情的輕重緩急即可。每一次測驗成績出來後，與孩子一起分析問題出在哪，怎麼改進，教孩子總結經驗。

很多家長總是看不慣孩子的一些興趣愛好，怕孩子玩物喪志，耽誤了功課。然而，孩子的夢想和天賦或許正藏於某個興趣之中。家長要學會理解、認可，當孩子說起那些有意思的事情時，家長要像朋友一樣耐心地傾聽，並主動去關心孩子感興趣的領域。

比如有的爸爸會買英雄聯盟的紀念品給孩子，和孩子一起去參加電子競技；有的媽媽會為孩子的音樂愛好替他報吉他班，或者帶孩子去看他喜歡的明星的演唱會……

第七章 樹立夢想，讓孩子成為有教養、有理想的人

　　當孩子對家長的信任與日俱增時，家長可以利用自己在孩子心目中的「影響力」，引導孩子深入了解所喜愛的領域，擴大孩子的眼界，幫助孩子形成清晰的目標和夢想。

　　隨著社會的發展，行業只會被無限細分下去，孩子未來能在任何一個領域發揮出獨一無二的作用都能如願過上期待中的生活。如果家長一味地逼迫孩子為了得高分而讀書，卻不注重挖掘孩子真正擅長的領域，孩子很難成才。

　　家長要以身作則，教孩子去認識生命的多元價值，讓孩子對內心深處喜歡的、想要的、心甘情願付出努力追求的一切始終懷抱熱情。

尊重孩子的夢想，不隨意貶低

　　看著孩子一日日成長，家長或許也曾在腦海中想像過孩子今後的模樣。是手捧書本站在講臺上教書育人的大學講師？還是背著公事包穿梭在辦公大樓間的菁英上班族？家長總是會詢問孩子關於夢想的問題，卻屢屢因孩子的童言稚語而哭笑不得，甚至因為不贊同孩子的夢想而惱怒⋯⋯

　　五歲的毛毛正坐在沙發上看童話書，見毛毛無比專注的樣子，媽媽逗他說：「毛毛，你長大後想做什麼呀？」毛毛指著書上彩色的繪圖，說：「我長大後要開挖土機！」

　　媽媽皺起了眉頭，說：「開什麼挖掘機，毛毛，我們長大後開飛機好不好？」毛毛卻不管不顧道：「不嘛，我就要開挖土機！」媽媽生氣地說：「俗話說三歲看老，這孩子真沒出息。」

　　這位媽媽望子成龍的心態可以理解，但是單純地用金錢、地位作為孩子未來規劃的前提，卻並不值得推崇。有的家長不管孩子夢想成為什麼樣的人，只要孩子的夢想與考上名牌大學無關，就會惡狠狠地諷刺、打擊、貶低孩子的夢想，這種做法更是大錯特錯。

　　還有一些家長之所以對孩子的夢想不屑一顧，是因為他們覺得孩子總是變來變去，不踏實、沒有定性。可是，孩子對夢想的不確定，其實是孩子探索世界的方式，及他們好奇心的展現。家長應該利用這個機會鼓勵孩子多去嘗試，幫助孩子弄清他們內心真正想要實現的願望是什麼。

　　幼年時候的阿姆斯壯在院子裡玩耍，他的歡呼聲令正在做飯的母親嚇了一跳。母親問道：「你在做什麼？」阿姆斯壯說：「我想跳到月球

第七章　樹立夢想，讓孩子成為有教養、有理想的人

上！」母親不假思索地回答道：「哦，原來是這樣。但你一定要記住，別忘了回來！」

阿姆斯壯的母親在聽到孩子異想天開的夢想時，沒有打擊孩子，反而用幽默的口吻鼓勵孩子。等到阿姆斯壯長大後成為第一個登上月球的太空人。

夢想對於孩子的成長來說，有著無與倫比的激勵作用。在兒童心理學家看來，夢想是孩子自我形象的理想化。家長在聽到孩子夢想的當下，鼓勵孩子大膽追夢，孩子的內心便會升騰起無窮的內驅力，變得越發快樂、積極。

反之，家長若習慣了以成人的思維去衡量孩子的夢想，並對孩子大潑冷水，口出惡言，孩子只會在潛意識裡越發認同家長的想法，再也不敢輕易挑戰新鮮事物。

有的家長除了不尊重孩子的夢想之外，還會對孩子心目中的偶像嗤之以鼻。這種做法只會在孩子與家長之間砌起一面厚厚的牆。不了解就沒有發言權，為了了解孩子的所思所想，家長首先要對孩子喜歡的偶像有深入的了解。平時多與孩子討論偶像的成長史和奮鬥史，讓孩子明白沒有誰能隨隨便便成功的道理，同時為孩子的「圓夢計畫」提供堅實的後盾。

電影《舞動人生》的主角是11歲的小男孩比利，他出生在一個普通的小鎮上，父親和哥哥都是礦工。儘管家庭條件困難，但父親每週都會送比利去上拳擊課，為的是讓比利能練成強壯的身體保護自己。然而比利卻對拳擊毫無興趣，他天生喜歡音樂和舞蹈。

比利用上拳擊課的錢偷偷去學芭蕾舞。父親知道了這件事後大為光火，在他看來比利作為男孩卻夢想成為一名芭蕾舞演員是一件可恥的事

情。然而，當父親發現比利對於舞蹈的熱情和天分後，不由深受震撼。他典當了過世妻子留下的手錶和金飾，送比利去倫敦參加芭蕾舞校的入學考試。想不到比利真的被這所學校錄取。

經過長達十多年艱苦的練習後，比利成為英國皇家芭蕾舞團最頂尖的舞蹈演員。

除了嘲諷孩子的夢想外，家長還經常陷入以下迷思：

◆ **無論孩子說什麼、做什麼，第一時間否定**

有些家長習慣於端起大人的架子，在未加了解的前提下隨意評判孩子的想法和做法。於是，孩子說什麼都是荒唐的，做什麼都是錯誤的。

◆ **只看重結果，不在意過程**

有一則廣告描述了這樣一幅場景：孩子拿著成績單垂頭喪氣地回到家，媽媽看到成績單上刺眼的紅字剛想出口教訓孩子，卻突然想起孩子深夜伏案學習的背影，媽媽的心軟化下來，她只是摸了摸孩子的頭，沒多說什麼。

然而，現實生活中，絕大部分家長只在乎光鮮的結果，卻對孩子努力的過程視而不見，這極大損傷了孩子的自尊心及學習的動力。

◆ **不斷在孩子面前提及他們的「黑歷史」**

孩子做事不盡如人意的時候，家長一而再再而三地提及孩子過去的錯事，這已經成為很多家長懲戒孩子的「利器」。

◆ **總秉持著負面的思維方式**

很多家長在與孩子相處的過程中，恨不得每一句話都在假設最壞的場景。比如說：「你老是搗蛋有誰會喜歡你」、「你不聽我的話只會變成廢

第七章　樹立夢想，讓孩子成為有教養、有理想的人

物」、「這次失敗了你一生都完蛋了」……這種消極的思維方式是孩子成長的陰影。

每個有夢想的人，都是與眾不同的。家長對孩子夢想的堅信不疑，是孩子獲得力量、勇氣和信心的最有效途徑。每當孩子懷疑夢想的時候，家長要及時為孩子加油打氣。

給孩子多些引導，不要讓夢想成為空想

很多孩子並不缺乏夢想，只是不知道該如何行動，即使勇敢邁出了第一步，但也堅持不下去，或在行動中與最初的目標漸行漸遠。於是，孩子的夢想慢慢變成了空想。這時候家長一定要加強引導，守護好孩子的夢想。

6歲的曉宇對野生動物十分感興趣，他常常纏著媽媽對他講小動物的故事。電視上若是在播放關於野生動物的畫面，曉宇會立刻停下手中的事情，目不轉睛地盯著看。媽媽開玩笑說：「曉宇，你要是能學會野生動物背後的知識，長大後就能當動物學家了。」

曉宇一口答應下來，滿臉的認真。過了一會兒卻欲言又止道：「可是我覺得好難啊……」媽媽聽了沒說什麼。第二天，她特意買了很多圖書，教孩子認起野生動物來。放暑假的時候，媽媽帶著曉宇去了海生館看海豚，又去了動物園看長頸鹿，還替他買了很多動物卡片。

將孩子的興趣、潛力變成優勢，在開始階段往往是最難的。孩子一定是懵懵懂懂的，家長在知道孩子的夢想後，首先要做的是幫助孩子堅定心中的想法，讓孩子清楚地理解自己的能力。同時還要引導孩子改正不良的學習習慣，變得更積極陽光。

為了最大限度地激發出孩子的興趣，家長可以多收集一些與孩子夢想有關的資訊，或者透過各種管道帶孩子親身接觸夢想，體驗那份氛圍。

孩子都是脆弱的，家長想要讓孩子持之以恆地為夢想而努力，首先要保證自己有足夠的耐心和毅力。在孩子通往夢想的旅途中，家長不能因為一點點失敗就將孩子全盤否定，要堅持為孩子打氣。孩子若是遇到

第七章　樹立夢想，讓孩子成為有教養、有理想的人

了困難，家長應化身「護航人」，和孩子一起共度難關。

學習一項技能，或者朝著某個夢想去努力，一定是一段非常枯燥、艱辛的過程。為了打牢基礎，孩子需要做很多重複性的工作。作為孩子的領路人，家長要幫助孩子發掘和享受其中的樂趣，讓孩子順利地度過這一階段。同時，家長應看得比孩子更高、更遠才行。

比如電影《我和我的冠軍女兒》中，父親想盡辦法帶著女兒去參加比賽，女兒從一開始的不情不願，到後來逐漸體驗到競技比賽的魅力和勝利的喜悅滋味，慢慢愛上了摔跤。父親還告訴女兒，得了摔跤冠軍就能掌握自己的命運。正因爸爸意識超前，想得深遠，女兒才對摔跤這項運動有了真正的崇敬，並最終戰勝了命運。

美國小女孩莎拉在13歲那年對生物化學產生了濃烈的興趣。她一直在思考這樣一個問題：「為什麼普通的藻類能夠替代傳統能源？它為什麼賣得這麼昂貴呢？」見莎拉張口閉口就是「再生能源」，父母欣慰之餘，也盡可能地幫莎拉朝著這個方向探索起來。

他們帶著莎拉去探訪美國最頂尖的實驗室，並想方設法地聯繫相關領域的專家教授，希望他們能夠解答莎拉的問題。父母甚至幫助莎拉在家中組建了一個像模像樣的實驗室，給她買來各種實驗材料，和女兒一起培育藻類植物。

每當莎拉抱怨自己花費那麼多時間卻一無所獲的時候，母親總會溫柔地鼓勵她，父親則建議她將自己的作息時間按照藻類的生長週期稍加調整。有了父母的全力支持，莎拉慢慢變得樂在其中。她花了五年的時間，終於有了一個震驚科學界的發現：原來在天然藻類中新增特定的除草劑就能分離出產油相對較高的海藻……

> 給孩子多些引導，不要讓夢想成為空想

很多家長會憂愁這樣一個問題：當家庭物質條件難以支持孩子實現夢想的時候，是該堅定不移地守護孩子的夢想，還是勸說孩子放棄？

家長往往會因為沒能為孩子提供更多的幫助而自責。可是家長若過分地在孩子面前展露這些負面情緒，對孩子的成長只會有害無益。當孩子的夢想與物質條件有所衝突時，家長一定要將真實的情況告知孩子，並向孩子分析其中的利弊，請求孩子的諒解。

孩子在一步步成長，見識、閱歷也逐漸變得豐富，他們的夢想並非一成不變。家長的尊重會讓孩子的內心變得越發成熟。然而，若家長不由分說地打斷孩子的夢想，同時過分強調錢的重要性，會給孩子一種有錢才能實現夢想的錯覺。

經濟有限不代表無法圓夢。根據真實事件改編的電影《我和我的冠軍女兒》中的父親，雖然經濟拮据到無法為女兒提供更多的營養品，可他還是成功將女兒送上了冠軍的領獎臺。

家長要善於評估孩子的決心，及其對夢想的專注度。哪怕經濟條件不理想，也應力所能及地守護孩子的夢想。例如：孩子對鋼琴十分感興趣，雖然家裡暫時買不起昂貴的鋼琴，卻可以帶孩子去一些收費不高的鋼琴教室學習，或者帶孩子去聽音樂會。

在這個過程中，觀察孩子的毅力和決心。如果孩子擁有足夠的行動力，家長便毋須焦慮，以自己的方式去支持孩子堅持夢想。無論現實條件如何，家長都該默默守護孩子的夢想，引導孩子腳踏實地地去追夢，這才是未來教育的方向。

第七章　樹立夢想，讓孩子成為有教養、有理想的人

不要將自己未實現的夢想強加給孩子

　　有些家長懷有名校情結，自己錯失了上好大學的機會，於是逼自家孩子一定要考上臺清交成；有些家長年輕時未能實現捧鐵飯碗的夢想，於是總要求孩子去考公務員；還有的家長自小渴望成為一名歌手，遺憾的是天賦不出眾，於是四處送孩子去學唱歌⋯⋯

　　家長總想著讓孩子去實現自己的夢想，那麼自己又在實現著誰的夢想？

　　樂樂的爸爸年輕時對圍棋很著迷，他也曾想過以此為職業，卻並未如願。有了樂樂後，爸爸立志要將樂樂培養成國手。

　　樂樂一歲的時候，爸爸便帶著樂樂去學圍棋。不到一年，樂樂下起圍棋來有模有樣，讓爸爸很是欣慰。他專門替樂樂請了市內最有名的圍棋老師，還買了很多專業書籍，儘管樂樂這時候還不識字，根本看不懂書的內容。

　　每當樂樂和別的小朋友下棋時，爸爸都會在旁邊觀看。有一次，樂樂竟然朝爸爸嚷嚷了起來：「爸爸你坐遠一點，好煩吶。」爸爸愣了，從那以後他發現樂樂似乎對圍棋越來越厭倦。後來，樂樂在學校舉辦的圍棋大賽中落選，爸爸十分惱火，他剛想教訓樂樂，樂樂卻突然放聲大哭起來，一邊哭一邊說：「我不喜歡圍棋，我討厭⋯⋯」

　　很多家長會疑惑：為什麼孩子越大，自己與孩子之間的矛盾越多？在考慮其他因素之前，家長不妨反思一下，是否一直在將自己的意願強加給孩子？

　　靠著家長的逼迫、督促，孩子定能功成名就？這樣的例子有，但極其稀少。相反，有數以萬計的孩子被家長壓在肩上的夢想粉碎了對未來

> 不要將自己未實現的夢想強加給孩子

的希望。

教育專家分析，家長將自己的心願「轉嫁」到孩子身上，說穿了其實是人的控制欲和自私心在搞鬼。控制、駕馭周遭的人、事、物堪稱人的天性。所以很多人都在想方設法地爭取控制權。當他們成為家長後，便不自覺地將孩子當成自己生命的延續，乃至為自己圓夢的工具。

另外，這其實也是一種「代償心理」的真實寫照。讓孩子代替自己去實現小時候錯失的願望，避開過往的種種遺憾，相當程度上能夠緩解家長的焦慮情緒。然而，一旦「代償」的結果不如預期，原本焦慮的情緒便會捲土重來，變得越發強烈。

很多家長雖然盼望孩子能夠幸福成長，但總是有意無意地給予了孩子很多痛苦。他們總會不自覺地抱怨說「為了你，媽媽受了多少苦」、「爸爸辛苦工作、拚命賺錢都是因為你」、「爸媽不離婚是為了誰啊」、「打你罵你都是為了你好」……

將孩子當成自己的複製品，將生活中的一切不如意都推到孩子身上，久而久之，孩子自主成長的空間便一再被擠占。有些孩子為了讓家長滿意，學會了察言觀色、虛與委蛇，慢慢地變成一架失去自我靈魂的機器。別折磨孩子了，每個人的夢想都該靠自己去實現。

哈佛大學教育研究院心理學教授霍華德・加德納說人生來有八項智慧：語言智慧、空間智慧、數學邏輯智慧、肢體運作智慧、音樂智慧、人際智慧、內省智慧、自然探索智慧。孩子究竟哪一項智慧更突出，光靠平時觀察可能還不夠，必要時刻還需帶孩子去專業機構測試。

將孩子的天賦、興趣拋在腦後，家長盲目將自己的願望強加在孩子身上的行為，無異是在抹殺孩子的夢想。有些家長總是以自己早已錯過黃金時間為藉口，顧慮重重不敢追夢，這其實是在替孩子樹立負面榜

第七章　樹立夢想，讓孩子成為有教養、有理想的人

樣。與其不斷追悔，不如為自己的夢想行動起來，讓孩子將家長付出努力與堅持時的樣子看在眼裡。

菁菁是一個很「酷」的媽媽，四十多歲的她突然參加了一個美聲班，和一群小自己三十多歲的孩子們一起學起了唱歌。這時候她的小女兒都快要國小畢業了。她的三個孩子沒有一個人對美聲感興趣，大兒子喜歡運動，準備報考體大，對此她很支持。二女兒喜歡烘焙，暑假的時候，她特意送二女兒去烘焙學校學了二十多天。小女兒只對畫畫感興趣，她便積極帶小女兒去看畫展，參加各種繪畫比賽。而她自己在忙工作、照料家人之餘，也自學起了吉他，將生活安排得井然有序、豐富多彩。

詩人紀伯倫說：「你的兒女，透過你來到這世界，並非因你而來。你能給予他們的，是你的愛，而不是你的思想。你能保護的，是他們的身體，卻不是他們的靈魂。」

如果家長能夠面對內心的自私與控制欲，凡事從孩子的角度出發，多考慮孩子的感受和想法，這些難題便能迎刃而解。家長應當謹記這條原則：孩子是有獨立人格和自由意志的人，他們有權按照自己的心意去規劃屬於自己的人生。

家長除了要尊重子女的自由意志之外，更要培養孩子自由選擇的能力。「我小時候未能夠實現的夢想，就靠我的孩子去替我實現了。」如果抱著這樣的心態，一味將自己的夢想傾注在孩子的身上，放棄和子女一同成長的機會，既傷害了孩子，也傷害了自己。

教孩子制定目標，和孩子一起完成夢想計畫書

　　孩子們做作業時總拖延至深夜；孩子雖然忙碌了一天又一天，功課卻不見進步；孩子圍繞著夢想高談闊論，真去做時卻茫然無措……其實，家長若能告訴孩子制定目標的重要性，幫助孩子完成一份「夢想計畫書」，孩子便能提早避開成長中的種種陷阱。

　　相關研究早已顯示，孩子能夠從制定目標的過程中提高自律意識，養成良好的習慣。家長應當在孩子年齡很小的時候就教會孩子如何制定目標、「征服」目標。這樣一來，孩子的自尊心會得到極大地滿足。隨著孩子步步成長，他們的自律性會變得越來越強。

　　於是，孩子們會認真思考每一階段的學習計畫，並按部就班地完成它們。毋須家長的提醒，孩子也能及時從電腦螢幕前抽開身，投入到學業裡。因為他們知道，讀書與玩樂占據著不同的時間段，必須嚴格遵守約定。

　　那麼，家長該如何教會孩子制定目標和計畫？不妨參考以下步驟：

◆ 家長要告訴孩子什麼是目標，目標和夢想有什麼關係

　　目標其實是人們迫切想要做到的一件事情，而夢想是一個個小目標的目的地。家長向孩子解釋目標定義的時候，不妨從生活中取材，將目標與孩子熟悉的事情連繫在一起。例如：孩子想要在足球比賽中射門得分，告訴孩子這就是一個小目標。再向孩子解釋：學會踢足球的技巧，贏下一場場足球比賽，成為一名優秀的足球運動員……這便是一個個小目標不斷靠近最終夢想的過程。

第七章　樹立夢想，讓孩子成為有教養、有理想的人

◆ 家長可以親身示範，何為「替自己想要完成的事情制定計畫」

有一個媽媽曾與孩子討論起自己的減肥計畫，她先告訴孩子說她想在三個月內減重十斤，然後向孩子展示了一份計畫書，每日飲食和運動規劃得清清楚楚。同時，她邀請孩子作為自己的「監督人」。三個月後，這位媽媽完成了目標，孩子也深受震撼。

家長要經常性地向孩子展示制定目標的諸多技巧，孩子慢慢就會記住這樣一個公式：「我要＋做什麼＋何時完成」。最好讓孩子親身感受到「公式」變成現實的過程。例如：打掃環境前，告訴孩子：「我想要在10點鐘之前將三個房間都打掃乾淨。」

家長可以和孩子一起完成一份夢想計畫書。可以先從一個小遊戲開始，每個人都用彩色水筆在紙上寫出自己的夢想，然後一條條列出自身優勢，以及夢想與現實的差距，即目前需要改進的地方。

有一個孩子曾在紙上寫下她想成為一名老師，她所列出的自身優勢是：性格開朗活潑、字寫得漂亮等，而需要改進的那一欄裡卻一片空白。

父母就這個話題與她討論了很長時間，包括成為老師需要的素養、資質，師大的報考條件等現實問題，孩子很快意識到了自己的差距所在，對於未來的規劃也變得清晰。

孩子的夢想計畫書製作完成後，家長要做的是教會孩子「分解目標、化整為零」的技巧。先讓孩子從當前著手，設立一份容易實現的短期目標。比如：放學後練習15分鐘的鋼琴；每晚讀五頁書，一個月讀完一本書等。

有些孩子因為專注力不夠，需要更加細化的目標。家長的任務就是幫助孩子將大的目標分解成一個個小的「動作」。前提是不要超過孩子自身能力。

等孩子有所進步後，可以逐漸加大目標的長度和難度。拿學習計畫來說，讓孩子弄清楚「what（什麼）」和「when（什麼時候）」的問題，然後讓孩子將實現目標所要完成的任務一一寫在任務表上，幫助孩子排好順序，裝訂起來。

每當孩子完成一個任務，就撕掉一張卡片，讓孩子感受到他離「目的地」越來越近的喜悅。在這一過程中，家長不要忘了做以下兩件事情：

- 向孩子列舉他擁有的資源。比如說：孩子可以向哪些人尋求幫助；家長能夠替他創造哪些條件；孩子自身擁有的先天條件等。
- 及時記錄孩子的計畫進度。家長可以買些閃亮的貼紙，用來記錄孩子的進度，然後將貼紙貼在冰箱、牆上等顯眼的地方。青少年若有手機，鼓勵他們將自己的計畫表拍下來，設定為手機螢幕保護。做這些事的目的都是為了激勵孩子能夠持續努力下去。

孩子若是成功攻下了一整張計畫表，全家人不妨聚在一起慶祝一番。比如拍照留念，或者帶孩子出去吃一頓大餐等。

有一位爸爸是這樣做的，他買來鮮豔的氣球，掛在客廳裡，孩子一旦實現了一個小目標，就可以戳破一個氣球。這時候，藏在氣球裡的特殊的小卡片會飄落下來。有一次，孩子終於實現了自己的目標，得到了戳破氣球的機會，他拾起卡片一看，不由開心地歡呼起來。原來這張卡片是「兌獎券」，孩子可以用它來兌一份小禮物。

家長得讓孩子明白「不積跬步無以至千里」的道理，萬里行程，得靠著一步步行走才能實現。將大的夢想分解成具體的步驟，做好每一件小事，才能迎來勝利的曙光。

第七章　樹立夢想，讓孩子成為有教養、有理想的人

別只記得孩子的大夢想，卻忘了滿足孩子的小願望

只要談論起與孩子夢想有關的話題，家長們總會滔滔不絕：「我女兒對宇宙感興趣，長大後想當太空人」、「他小提琴拉得好，說不定真能成為一名音樂家呢」……家長總是對孩子那些宏大的夢想念念不忘，卻記不住孩子的小小心願。

國外一個6歲小男孩成了網路紅人。他像很多同齡的孩子一樣，渴望擁有一臺屬於自己的遊戲機。然而，他們一家幾口人都靠著爸爸微薄的薪水生活，大家都覺得沒必要將錢浪費在一臺遊戲機上。聖誕節的時候，奶奶買了遊戲機的保護殼給小男孩作為聖誕禮物。小男孩欣喜若狂，他立刻動起手來，拆開廢紙板自製了一臺遊戲機。

小男孩花了很長時間，又裁又畫，製作出來的遊戲機很是精美獨特。父親看到後感動不已，他將小男孩的作品發在社群平臺上，同時決定要省出錢為小男孩買一臺真正的遊戲機。

相比那些大夢想，孩子的某些小心願縱然渺小，卻是孩子快樂的泉源。教育專家坦言，家庭教育的核心其實是關注孩子的幸福感，而它往往展現在日常生活中。

國外媒體曾刊登過一篇關於孩子心願的文章，對1,000名孩子的新年夢想進行了調查，最熱門的回答有：希望學業進步，身體健康；希望爸爸媽媽能帶我去更多的地方玩；希望新年禮物是心愛的玩具；希望能認識更多的好朋友……

從這篇文章中可以看出，孩子最渴望實現的往往是一些平常、簡單

別只記得孩子的大夢想，卻忘了滿足孩子的小願望

的願望。而很多家長卻總是以忙為藉口，一再拒絕傾聽孩子藏於心底的聲音。

很多沉迷於手機的家長更容易忽略孩子的內心渴求。導致家裡經常出現這樣的情景：家長只顧盯著手機上的影片，卻顧不上老師發布的親子作業；家長因為忙著看有趣的綜藝節目，拒絕了孩子想要一起玩黏土的請求⋯⋯在這種家庭氛圍的薰陶下，孩子對電子產品的興趣也變得越來越濃厚，他們心中夢想的火苗逐漸熄滅，每天除了玩手機外，什麼都不想做了。

還有很多家長總覺得對孩子並不「虧欠」，逢年過節的新衣服、玩具、零食都是他們關愛孩子的「證據」。可是這些家長卻忘了問一句，他們提供的，是孩子真正喜歡的嗎？

有些家長花很多錢買來的禮物，孩子卻並不喜歡，他們懊惱、不耐煩，孩子也傷心不已。他們總會以自己的眼光，去衡量孩子的選擇。家長可以找出一堆理由去抨擊孩子的那些小心願，可是孩子心裡卻只有一個想法，凡是自己不喜歡的，就是不好的。

適當滿足孩子的那些小心願，讓孩子時常體會到幸福感，正是樹立他們健全人格的基礎。而所有這些，都是孩子能夠快樂成長、堅強逐夢的前提。

安徒生的父親是個窮鞋匠，母親則替別人洗衣賺取報酬。附近的孩子都不喜歡和安徒生一起玩。那時候，他最大的心願是找到一位玩伴。父親知道了他的心願後，笑咪咪地對安徒生說：「別的孩子不和你玩，爸爸來陪你玩吧！」

父親真的陪著安徒生玩起了各種幼稚的小遊戲，時常逗得安徒生哈哈大笑。安徒生特別喜歡聽故事，父親便專門抽出時間向他講《一千零

第七章　樹立夢想，讓孩子成為有教養、有理想的人

一夜》上的童話故事，有時候還會讀莎士比亞的戲劇給他聽。父親還痛快地答應了安徒生的請求，將安徒生簡陋的房間布置得像一個小博物館。他買來很多便宜的圖畫和瓷器用作裝飾，並在安徒生的書架上擺滿了書籍和歌譜。慢慢地，安徒生對各種寓言、童話等文學作品越來越感興趣……

曾有一位母親糾結於這樣一個問題：她的女兒吵著要買一款昂貴的耳機，而她在乎的並不是金錢，她害怕滿足了女兒的這個心願，會讓女兒沾染上奢侈、浪費的壞毛病。

面對這種情況，家長首先要了解孩子心願的出發點是什麼，究竟是真實需要，還是因為虛榮心在作祟。其次，衡量家庭經濟情況，再決定買哪種價位。家長沒必要為了滿足孩子的虛榮心而縮減開支，這只會助長孩子的攀比心理。

其實孩子的那些小心願往往沒有那麼複雜，比如暑假的時候去迪士尼玩一趟；和好朋友成為同班同學；做錯事的時候，媽媽能心平氣和地講道理；多買一支棒棒糖吃等等。家長應該定期和孩子談心，為孩子列一個小小的願望清單，時不時地給予孩子一些驚喜。

那些小心願，一開始只是一個簡單的想法而已，若一再得不到滿足，它們就慢慢變成了執念，甚至變為成長過程中的傷痛。長大後，孩子縱然有能力去實現當年的願望，可是這一過程並不美好，只因它早已失去了意義。在孩子的成長過程中，千萬不要忽視這個問題，家長要在幫助孩子一步步實現宏偉夢想的同時，適當滿足孩子的小心願。

夢想路上，培養孩子的堅持力

法國微生物學家巴斯德說：「告訴你使我達到目標的奧祕吧，我唯一的力量就是我的堅持精神。」在孩子實現夢想的道路上，家長最重要的是告訴孩子：「如果心懷夢想，重要的是如何堅持不懈地實現它，而不要在乎別人如何看待你，以及夢想的前路有多艱難。」

孩子對於夢想總是盲目樂觀，一旦遭遇挫折便像洩了氣的皮球，早知道這麼難就不選這條路了。所以，當孩子跟家長訴說夢想時，家長可以鼓勵，但不要過度誇大：「你一定可以，說不定學個幾年就能趕上×××（該領域的名人）了！」家長應該和孩子一起做好準備工作，明確夢想路上會遇到的諸多挑戰，比如說枯燥的額外練習需要占用更多空閒時間……

說這些不是為了嚇退孩子，而是要讓孩子意識到完成夢想需要付出堅持和努力。日本作者古川武士在其著作《改變人生的持續術》中披露：培養習慣進而達到堅持的目的，便能順利實現夢想。家長幫助孩子養成更多好習慣，孩子的堅持力便能水漲船高。

堅持力指的是即使身處困難情境，也會為了達到某一目的而頑強不懈地克服困難，這是一種永續性行為傾向。3～6歲是培養孩子好習慣、堅持力的關鍵性時期。因為在這一階段，孩子大腦皮質的抑制功能正漸漸完善，他們開始能較為穩定、平靜地做事。為了培養孩子的堅持力，家長可讓孩子重複做同一件事，並延長時間。

比如說：和孩子玩飛行棋的遊戲，等孩子慢慢熟悉了遊戲的流程，便一點點提高難度，勾起孩子的挑戰欲。需要注意的是，雖然孩子活動

第七章　樹立夢想，讓孩子成為有教養、有理想的人

的持續和深入需要家長的指導，但指導也要適度。家長該做的是在孩子最需要幫助的時候提供關鍵的支持和指導。

在孩子追夢的道路上，更容易堅持不下去的反而是家長。舉個例子，這樣的情況是否經常在生活中出現？

媽媽：「老師，我家寶寶在鬧脾氣，今天的吉他班就取消了吧。」

老師：「可是孩子已經連續請了很多天假了⋯⋯」

媽媽：「今天起風了，寶寶身體太弱了，我覺得還是待在家裡比較好。」

老師：「可是其他小朋友都在堅持⋯⋯」

媽媽：「缺幾天課沒關係的，能趕得上進度。」

老師：「那好吧⋯⋯」

家長不能因為一些比較小的困難，就隨意讓孩子停下腳步。日復一日的訓練是夢想路上必不可少的一部分。孩子缺課太多，學習新知識的時候會很吃力，挫敗感便會油然而生。慢慢地，孩子滿腔熱血就會冷卻，最終的結果很可能是半途而廢。

除此之外，家長為了培養孩子的堅持力，可參考以下建議：

◆ **讓孩子背誦名言**

鼓勵人們堅持不懈的名人名言有著不可估量的作用，比如說「有志者事竟成」、「寶劍鋒從磨礪出，梅花香自苦寒來」、「只要功夫深，鐵杵磨成針」等。讓孩子選擇其中一條視為座右銘，當孩子遇到挫折的時候，這些話語便會發揮鞭策的作用。

◆ 依照「主線」為孩子制定計畫

有的家長在替孩子制定學習計畫或「夢想清單」的時候，不分輕重緩急，孩子實施起來極其困難。其實，家長應該抓住一條主線，由易入難，循序漸進，孩子實施起來便事半功倍。

◆ 以啟發式探索：什麼對孩子最重要

興趣是孩子堅持下去最持久的動力。家長可以採取啟發式提問讓孩子明白他想要的究竟是什麼。例如：「你覺得畫畫時感覺如何？」「你遇到了什麼困難嗎？」「多久才能突破瓶頸？」

◆ 利用爬山等戶外運動讓孩子親身體驗堅持的重要性

多帶孩子去爬山，鼓勵孩子爬到山頂，讓孩子親身體驗「無限風光在險峰」、「一覽眾山小」的種種滋味。這是對孩子意志力的鍛鍊。

孩子堅持不下去的時候，家長要耐心地陪伴在孩子身邊，向孩子表明自己始終如一的態度，及時送上慰藉和表揚。家長要時刻尊重孩子的選擇，其次要在孩子逃避、退縮的時候為他們指明方向，告訴孩子堅持才能贏得未來。

第七章　樹立夢想，讓孩子成為有教養、有理想的人

第八章
窮養富養，都不如好的教養

第八章　窮養富養，都不如好的教養

你不教養孩子，這個世界會狠狠地教育他

「教養是什麼？教養就是當你走到一群人中間，你的行為恰當得體，讓人感到禮貌和愉悅。」近年來，社會和媒體開始更多地談論教養，因為大家發現，雖然人民生活富足了，但是對於道德修養的教育卻沒有引起足夠的重視，所以網路上才有那麼多關於「屁孩」、「恐龍家長」的負面新聞。

很多家長之前對教養也沒有太關注，大的原則是盡量不打擾他人，不給他人造成麻煩。而有了孩子之後，便開始更加注意這個問題，因為家長都希望孩子成為一個有教養的人，而不是一個讓人討厭的人，孩子就像一面鏡子，能夠照出家長的諸多不足。沒有哪個孩子天生懂規矩，家長需要做的是管好自己的同時也教會孩子。

有一次小黃帶孩子出去吃飯，孩子和幾個玩伴在一起，正玩得高興，嗓門就漸漸大了起來。小黃馬上把他拉回來，告訴他這是大家吃飯的地方，不能大叫。但是過了一會兒幾個小朋友就爬到隔壁桌邊上的沙發座位的靠背上去了，這時小黃又去把他們叫回來，告訴他們不要打擾其他客人用餐，應該坐在自己的座位上，否則就動用終極處罰手段了，這個時候孩子才有所收斂。

對孩子來說，他們是很難控制情緒和行為的，這個時候家長的任務就是要管教好他們，當然不是在公共場所打罵孩子，那樣只會顯得家長更加控制不住自己的情緒。家長應該替孩子樹立一個榜樣，然後溫和地告訴他該怎麼做。當然，有的家長會說孩子太淘氣，不聽管教。這時候，家長就要反省一下自己是否對孩子的規矩和自律教育存在問題。

當孩子犯了錯或者惹了麻煩，很多家長不以為意，找藉口說：「孩子

還小，不懂事很正常！」但是出了家門，在社會上就不會再有人能這樣容忍他們的不懂事。所以曾出現這樣的新聞：孩子用石頭劃停在路邊的車，孩子媽媽視若無睹，以致生氣的車主直接把孩子踢飛。

當孩子惹禍的時候，有些家長不進行管教，反而用孩子還小作為藉口，這是對孩子成長不負責的行為。要知道，家長不教育好孩子，在社會上是沒有人會這樣忍耐孩子的。

看到過一個母親在網路上發文說：在餐廳吃飯，就因為兒子稍微調皮了一點就被打了一耳光！氣得她一想起來就渾身發抖。

原來，這位母親帶兒子去附近的餐廳吃飯，她的兒子幾次去打擾隔壁桌吃螃蟹的客人，最後兒子在未經允許的情況下去隔壁桌上抓螃蟹，被客人把手甩開，兒子直接動手打了這桌的客人，結果被生氣的客人打了一耳光。

這個母親憤憤不平的點在於：孩子年紀小，調皮點很正常，大人怎麼能和小孩子一般見識？可是大部分網友不但沒有對這位母親表示同情，反而紛紛指責她，不及時管束好自己的孩子，又是誰的問題呢？

孩子現在還小，但終歸是要長大的。如果家長現在不好好地教育孩子，犯了錯還期待大家的原諒，那麼，當有一天他走出學校，進入社會的時候，就沒有人還會對他那麼寬容。

萱萱兩歲多的時候，媽媽帶她搭乘高鐵。萱萱因為太興奮了，要跟媽媽玩遊戲，每次贏了就哈哈大笑。前排的一個年輕男子想要睡覺，無法忍受萱萱的喧鬧，於是對萱萱媽媽說：「管好妳的孩子！這不是妳家。」

媽媽聽了這話都愣住了，趕緊道歉。拿出繪本，讓萱萱換一個安靜的活動。此後媽媽帶萱萱出門就更加注意了，盡可能不讓萱萱去打擾別人。

第八章 窮養富養，都不如好的教養

家長要讓孩子明白：這個世界不是由你說了算，也不會因為你的任性而自動退讓，成長是一件需要認真對待的事，你必須對自己負責，也要尊重身邊的每一個人。雖然在家裡孩子能夠獲得家長的寵愛，但是外面的世界很殘酷，孩子必須要主動成為一個有教養的人，才不會一次又一次地被這個社會狠狠地教育。

禮貌是教養的外在表現

每當孩子得到了別人的幫助卻不知道說謝謝，面對長輩出言不遜的時候，家長總會板起臉教訓孩子：「一點禮貌都不懂，真沒教養。」可是家長卻忘了一個關鍵問題：孩子知道什麼是禮貌和教養嗎？孩子知道哪些行為該受批評，哪些行為卻能受到讚揚嗎？

一個三歲半的小男孩多次被媽媽埋怨沒禮貌，讓她丟了臉面。有一次，小男孩欲言又止地問媽媽：「媽媽，究竟什麼是禮貌呀？」媽媽不禁愕然。

一位作家說：「教養是因教育而養成的優良品格和習慣。」三歲的孩子對字面意義上的「禮貌」是不理解的，家長一定要重視這方面的教育。

造成孩子不講禮貌的原因有很多。首先與孩子的成長環境息息相關。孩子的各種行為舉止都是透過後天模仿形成的。孩子一開始並不知道什麼話不該說，什麼事不該做，只是照著大人的言行模仿罷了。家長若是在日常生活中不講禮貌，久而久之孩子也就養成了壞習慣。

孩子不講禮貌，還與家長的管教不嚴有關。家長若是從小有意識地教導孩子什麼是好，什麼是壞，並作出正確的示範，孩子就不會輕易犯錯。

家長尤其不能忽略日常生活中的小細節。當孩子做出不禮貌的行為時要及時告誡孩子，並藉助這個機會向孩子灌輸關於禮貌、教養的知識。同時，家長在與孩子交談時，一定要保持平靜，有條有理並娓娓道來。注意少用命令的口氣，要對孩子說「請」、「謝謝」，隨著孩子語言能力漸漸地成熟，他自己就會發現原來日常交流中少不了禮貌用語。

第八章　窮養富養，都不如好的教養

孩子沒有禮貌主要表現在以下幾個方面：

- 遇到熟人、長輩不打招呼，或直呼其名。對長輩表現的沒大沒小、不夠尊重。如果是因為孩子生性害羞，不敢向大人打招呼，家長應以鼓勵、示範為主，不要苛責。
- 喜歡打斷別人的話，時不時插嘴。這個壞習慣會對孩子的人際關係造成負面影響，家長若不給出正確的引導，孩子只會變得越來越強勢。
- 說髒話、頂嘴。家長首先要反思自己，是否為孩子創造了乾淨的語言環境？先調查清楚孩子說髒話的起因是什麼，很多孩子說髒話是為了引起大人的注意，家長的嚴厲訓斥反而會強化這種不禮貌的行為。

王明珍的女兒剛學會說話時非常活潑可愛，喜歡叫人。可是隨著女兒的漸漸長大，卻變得沉默寡言起來。一次晚飯後，王明珍帶著女兒去散步，路上遇到了鄰居家的伯伯。女兒迅速將頭轉了過去，裝作沒看見，王明珍忍不住提醒道：「快叫伯伯好。」

女兒卻低頭不言，王明珍覺得有些難為情，著急道：「沒有禮貌的孩子是得不到別人的喜歡的。」女兒卻依然無動於衷。王明珍很生氣，甩開女兒的手，快步向前走去。女兒緊張地走近她身邊，小聲地叫媽媽。王明珍卻不理會女兒。回家後，她對女兒說：「我不喜歡沒禮貌的孩子。」見女兒抽泣起來，王明珍又覺得很無奈……

有時候，孩子不講禮貌可能是家長造成的。6個月到2歲之間的孩子會經歷一個「怕生害羞期」，同時，孩子的獨立意識也在不斷加強，家長越催促、指使，孩子就越牴觸。

那麼，家長應該如何教會孩子懂禮貌呢？

禮貌是教養的外在表現

◆ **利用故事繪本告訴孩子少插話、多傾聽的道理**

家長在和孩子交談時，要真誠地看著孩子的眼睛，認真聽孩子闡述自己的想法。久而久之，孩子也養成了好習慣。平時可結合相關圖書、故事告訴孩子大聲喧譁，或者在別人說話的時候強行插話、打斷別人的話、隨意走開都是不禮貌的行為。

◆ **家裡來訪客時提前告知孩子，鼓勵孩子去做「小主人」**

家裡來客人前，可以和孩子說：「等一下有兩位叔叔會來我們家玩，記得和叔叔打招呼喲。你來試著招待叔叔好不好？」教會孩子拿飲料、水果，這對於孩子來說是很好的鍛鍊機會。

◆ **利用「角色扮演」的小遊戲，模仿練習**

比如說，家長扮演客人，孩子扮演主人，模擬這種情境讓孩子進行演習。玩完遊戲後記得總結，讓孩子知道哪些行為不夠禮貌，哪些行為值得表揚。

◆ **必要時，給孩子一個「臺階」下**

若家長無論怎麼鼓勵，孩子也不願意和長輩打招呼，這時候，不要急著向孩子發脾氣。對過於害羞的孩子來說，一個善意的眼神、微笑也是「打招呼」的形式。

遇到這種情況，家長不妨對孩子說：「媽媽知道寶寶最有禮貌了，你已經在心裡叫過阿姨了對不對。下次記得叫大聲一點，讓阿姨聽見喲。」

懂禮貌好比孩子人際交往的「通行證」，在教孩子關於禮貌、教養的問題時，千萬不要逼、不要打、不要罵，更不能冷暴力。平時多給孩子正面的鼓勵和幫助，若孩子確實出現了不禮貌的行為時，家長應該抽絲剝繭地跟孩子講道理，嚴肅指責，但切記不要帶著情緒去說話。

第八章　窮養富養，都不如好的教養

過度溺愛的孩子很「丟臉」

孩子在家庭中的地位排第一，被特殊對待；一家人圍著孩子轉，無論大小心願通通滿足；孩子以哭鬧、不吃飯、不睡覺來威脅家長，百試百靈⋯⋯這樣的情景在現代家庭生活中時常上演。那些被溺愛長大的孩子。後來怎麼樣了？

2017年，中國一則新聞引起了網友的討論。江蘇鎮江的一名無業男子向父親索要5,000元（人民幣）生活費，父親看著26歲的兒子耍無賴的樣子，斷然拒絕。男子一氣之下，竟然喝農藥以死相逼。父親對著記者傾訴道：「悔不當初啊，不該嬌生慣養⋯⋯」

哲學家盧梭說：「你了解什麼辦法可以讓你的孩子痛苦嗎？那就是，讓他想要什麼就有什麼。他得到的越多，想要的也就越多，遲早有一天，你不得不拒絕他，這種意料不到的拒絕，對他的傷害，遠遠大過他不曾得到過滿足的傷害。」

溺愛孩子的家長，往往有著如下表現：

1. 以孩子為中心。這種氛圍中成長的孩子很容易「人來瘋」，時刻希望別人圍著自己轉。一旦外界的注意力落到了別人身上，他們就會傷心、負氣、妒忌，乃至做出種種過分的舉動希望奪回焦點。家長總會因為孩子在公共場所大喊大叫而感到丟臉，卻不懂得反省自己的教育方式。

2. 恨不得孩子成為自己的「小尾巴」。為了確保孩子的絕對安全，有些家長禁止孩子出門，甚至難以接受孩子離開自己的視線。他們的孩子在家往往橫行霸道，出門了卻膽小懦弱。

3. 習慣於向孩子央求禱告。很多媽媽在哄孩子吃飯的時候，總是不自覺地央求孩子，或者答應孩子買昂貴的玩具，孩子才把飯吃完。家長的威信因此而蕩然無存，孩子也變得越來越不明是非，缺乏責任感。

為什麼說過度溺愛的孩子很「丟臉」？因為「屁孩」性格的養成大多是由於家長的過分溺愛。孩子在種種特殊待遇及家長過分注意的目光中會變得越發自私冷漠，既缺乏同情心，也沒有感恩的意識。

家長不替孩子立規矩，依從孩子心意安排孩子的飲食起居，同時又對孩子應盡的義務大包大攬。於是，孩子的好奇心、上進心被摧毀，漸漸地，孩子過上了胸無大志、得過且過的人生。

被溺愛的孩子離開家庭，來到公共場所時，往往表現得極其自我，很不討人喜歡。等到他們離開家長進入社會時，又會因 EQ 低、能力差遭受諸多批評。而這樣的負面評價也將如影隨形、伴隨終生：「真不知道你父母是怎麼教你的。」

很多大富之家培養出來的孩子反而彬彬有禮，極有教養。因為他們的家長深知過度溺愛對孩子是一種傷害。

那麼，家長應該怎樣改正溺愛孩子的習慣呢？

◆ **孩子哭鬧得過分的時候，適當地冷落他**

無時無刻不關照、陪伴，對孩子而言可能是一種負擔。當孩子鬧起來的時候，家長不妨冷冷他，讓孩子自己去整理情緒。

◆ **別輕易拿物質來補償孩子**

很多家長因為工作忙，對孩子少有陪伴。為了彌補內心的愧疚，他們可能會拿錢來補償孩子，或者對孩子有求必應。而這種補償心理很有可能會引發家長對孩子的溺愛。其實，物質根本買不來孩子內心的尊重與信任。

第八章　窮養富養，都不如好的教養

◆ 保持中立，不當面偏袒孩子

當孩子和其他人產生矛盾時，很多家長無論孩子對錯，一味偏袒孩子。他們將自己變成孩子的「保護傘」，害怕孩子受委屈，結果孩子的性格卻因此變得乖張跋扈。家長要明白無論是自己或是孩子犯了錯，都要秉公處理，絕不袒護，這樣才能有利於家庭的和睦。

還有很多家長有著這樣的無奈，家裡老人總是在自己教育孩子的時候出面干涉，縱容孩子的壞習慣。遇到這種情況，家長一定要開誠布公地和老人談一談，讓老人與自己站在同一陣線，讓他們意識到這種教育觀念會對孩子的性格造成不良影響。

心理分析學家菲利普・格蘭貝爾說：「不斷累積的父母的愛會支撐我們的一生。可是如果太溺愛，就會使孩子產生這樣的信念：整個世界都必須在我的腳下。」溺愛容易讓孩子生成「自戀型人格」，面對孩子，家長要講原則，不能輕易滿足、事事遷就，更不能剝奪孩子獨立的權力。

「不聽話」未必是孩子的錯

　　天冷了，替孩子添了件外套，下一秒就被孩子隨意扔在床角；孩子正在玩玩具，讓他過來吃飯，可是怎麼叫都叫不動；孩子趴在桌子上做作業，一再告訴他要挺直腰板，孩子卻充耳不聞……孩子為什麼會這麼「不聽話」？家長怎麼做，孩子才能聽話？

　　媽媽帶著女兒去菜市場，女兒看見什麼都想摸一摸，一不小心就將菜攤上的蔬菜籃子打翻在地。媽媽生氣道：「妳能不能別冒冒失失的？」女兒撇撇嘴，委屈得要哭起來。媽媽皺著眉頭說道：「把籃子撿起來，青菜都撿起來，那株小青菜不要了，剛剛被妳踩了一腳弄髒了，跟老闆道歉，說妳願意賠償老闆的損失……」

　　她越說越多，女兒卻手足無措地愣在原地。媽媽罵了女兒一頓之後，女兒卻變得更加任性。看見什麼都想摸，不給摸就大哭，媽媽不由嘆起氣來。

　　為什麼這位媽媽責備完孩子做錯了事情，孩子卻仍然不聽話呢？孩子不聽話的原因未必與家長想像的一樣，它也許與家長發布指令不清晰有關。比如說，家長看到孩子的房間很亂，不由氣惱地反問道：「你能不能把你的『豬窩』收拾得乾淨一點？」這種問話模式其實給了孩子兩種選擇，而他一定會選擇後一種：「不能」、「不願意」。

　　有些家長會對孩子說：「你要好好的，乖一點。」究竟何為「好好的」？怎麼做才是「乖」？這樣的話其實是很模糊的，孩子並不清楚具體應該怎樣去做。

　　有時候，家長會將多個指令同時下達，或者重複下指令。一連串指令會讓孩子感到混淆、力不從心，不知道該從何做起；而重複了一遍又

第八章 窮養富養，都不如好的教養

一遍的指令會讓孩子不勝其煩，心生排斥。

還有一種情況是，家長帶著情緒向孩子下達指令。在這一過程中，孩子第一時間接收到的是家長不耐煩的語氣、黑沉的臉色，而不是指令中的內容。比如孩子正在刷牙，媽媽卻吼道：「拖什麼，抓緊時間收拾，過來吃飯！」孩子的心情瞬間跌到谷底，心裡充滿了牴觸情緒。

另外，家長一味地站在自己的角度上去下達指令，卻不考慮孩子的情況，也會迎來孩子的反抗。例如網路上流傳的那則小笑話：「有一種冷是你媽覺得你冷。」家長自己覺得冷，便拚命替孩子加衣服，可是孩子精力旺盛，並不覺得冷。這時候，孩子就鬧起了脾氣。

讓孩子聽話的目的應該是讓孩子認識到什麼樣的行為應該做，什麼樣的行為不該做。家長千萬不要本末倒置，為了讓孩子聽話而捆綁孩子的天性發展。

在讓孩子「聽話」的過程中，家長應該這樣做：

◆ 不亂用「不」字，多用正面詞語

比如說，「不要跑來跑去」，這裡的「不」字可能會產生一個反推動力。不如對孩子說「走過來，坐在媽媽身邊」，這樣效果要好得多。

◆ 下達的指令要清晰易做

例如：孩子欺負別的小朋友，家長與其責備孩子「不要太過分！」之類的話，不如直接告訴孩子「和小朋友道歉，語氣要誠懇」。

◆ 一次只下達一個指令，最好不超過15個字

很多家長喜歡反覆叮囑孩子同一件事，或胡亂延伸內容，這反而會對孩子造成誤導。例如，家長想告訴孩子：「出門直接往前走」，這一個

指令足夠清晰、有力,千萬彆強調後面這些話:「第一個路口不要轉彎,否則你就白走了,第二個路口也要直走,別被路旁的遊戲機吸引⋯⋯」

◆ 按事先約定,給予孩子警告和懲罰

有些孩子不聽話,其實與家長的縱容有關。當孩子違反約定時,家長卻總想著「反正也沒造成嚴重的後果,算了」。這樣一來,孩子便摸透了家長的脾氣,肆無忌憚地撕毀約定。面對這樣的情況,家長應及時給予警告,若孩子還是不聽,就要按照事先的約定給予孩子合適的懲罰。

很多時候,孩子太「聽話」未必是件好事,因為聽話的孩子最容易養成依賴的性格。家長凡事都想讓孩子按照自己的指令去行事,孩子慢慢地便長成一個軟弱無能的人。

聽話的孩子大多有著這樣一種慣性思維:只要聽從他人的指示去做,事情就解決了。這樣大腦便失去了思考的機會,不利於培養孩子的智力、觀察力和判斷力。

家長都希望下一代比自己更好。然而,孩子就算完全按照大人的安排去做,做得再好也無法百分百地完成大人的期望。這樣一來,最糟糕的結果只會是一代不如一代。

孩子不可能事事都與家長站在同一立場上。孩子不聽話,但是思維靈活,成長過程中反而會迎來更多機會。家長要容許孩子不聽話,鼓勵孩子去獨立思考,去主動尋找最適合自己的道路,積極迎接挑戰、攀登人生高峰。

第八章　窮養富養，都不如好的教養

好習慣帶來好教養

很多家長都煩惱於這樣一個問題：「我家孩子習慣不太好，怎麼辦啊？」家長在這裡說的「習慣」大多指的是孩子的讀書習慣。除此以外，孩子的生活習慣、道德習慣等同樣需要引起家長的關注。

世界著名教育家烏申斯基就曾說過：「好習慣是人在神經系統中存放的資本，這個資本會不斷地成長，一個人畢生都可以享用它的利息。而壞習慣是道德上無法償清的債務，這種債務能以不斷成長的利息折磨人，使他最好的創舉失敗，並把他引到道德破產的地步。」

1978 年，75 位諾貝爾獎得主趕赴巴黎參加一個聚會。記者向其中一位白髮蒼蒼的學者提出一個問題：「您學到的最重要的東西來自哪所大學，哪所實驗室？」

這位學者嚴肅道：「是在幼稚園。」他侃侃而談：「飯前要洗手，午飯後要休息；學會分享；做了錯事要及時道歉；自己的東西放整齊，不是自己的東西不要隨意亂拿；學習要多思考，仔細觀察大自然。這些都是讓我受益終生的東西。」

著名教育家陳鶴琴先生曾指出：「從出生到七歲，是人生中最重要的一個時期，什麼習慣、言語、技能、思想、態度、情緒都要在此時期打了一個基礎。」

通俗來講，習慣其實就是語言或思維經過反覆強化後形成的一種條件反射，而孩提時期養成的習慣最為牢固。3～6 歲的幼兒期、7～12 歲的童年期、13～17 歲的少年期都是養成良好行為習慣、矯正不良習慣的關鍵期。

家長要緊抓「第一次」，這是養成良好習慣的開端。對此，陳鶴琴先生有過精采的論述：「無論什麼事，第一次做得好，第二次就容易做得好；第一次做錯，第二次就容易做錯。兒童種種壞習慣，都是由於開始學的時候，他們的老師或父母沒有留意去指導他們的緣故，以致後來一誤再誤，成為第二天性。」

習慣培養專家發現：培養孩子好習慣，頭三天極其重要，一個月基本能定型。但有些智慧性習慣的養成卻需要好幾年的時間，比如勤問常思、實事求是等。家長千萬不要因為工作繁忙或不夠耐心，在培養孩子的過程中自己先做了「逃兵」。

幫助孩子養成一個習慣前，家長都要有一個長期規劃，並制定具體規範：最後目標是什麼？多長時間能夠建立起這個習慣？每一步應當有怎樣的行為標準？

在具體實施的過程中，家長對孩子的要求應該是「目標明確，每天進步一點點」。家長同時應緊抓分析、評估、引導、訓練這一系列環節。

最好每次只培養一個習慣，讓孩子多些成就感，這樣更容易堅持。比如：指導孩子寫作業的時候，首先應將目標定為「正確率」。當孩子的正確率有了顯著提升後，再關注孩子的速度問題、書寫問題。家長可以製作一個表格，及時記下孩子的點滴進步。

而在習慣養成過程中，家長必須遵守一個重要原則：前後一致。千萬不要言行反覆不定，做出與孩子認知相衝突的事情，或者對孩子的請求心軟，應允許「例外」的發生。

平時，家長還可以列舉各種傑出人物的事例，以此來向孩子進行榜樣教育。

第八章　窮養富養，都不如好的教養

梅梅替女兒報了一個興趣班，雖然離家只有一個路口，可是女兒卻屢屢遲到。梅梅沒有責怪女兒，而是向女兒講起了李嘉誠守時的故事。她說：「李嘉誠將手錶撥快了十分鐘，妳知道為什麼嗎？」女兒搖頭。梅梅解釋道：「這樣能保證李嘉誠不管做什麼事都能提前十分鐘開始行動，他也就不會遲到了啊。」

第二天，女兒早早地起了床，吃過早飯就背著書包出門了。從那時候開始，每當她參加同學聚會時，都會提前十分鐘到達，不讓別人等。

在習慣養成的過程中，很多孩子都會出現行為反覆的情況。有的是因為意志力不夠堅強，有的是因為受到外部環境的誘惑。無論是什麼原因，家長都要堅持給孩子塑造良好的氛圍，並始終關注孩子的正面行為，保持信心，相信孩子一定會向好的方向發展。

英國哲學家培根說：「習慣是一種頑強而巨大的力量，它可以主宰人生。因此人自幼就應透過教育，去建立一種好的習慣。」家長要從日常生活中的點點滴滴去抓起，循序漸進地幫助孩子提升並完善自我行為規範。

每個場合都有它的規矩

　　孩子吃飯時將腳放在桌子上，家長一笑而過；孩子在公共場合尖叫、打鬧，家長在一旁「加油助威」；孩子隨意扔垃圾、插隊，家長毫不在意；孩子過馬路時不看紅綠燈，家長訓幾句了事；孩子在學校打架滋事，進入社會後觸犯了法律，家長笑不出來了⋯⋯

　　為了避免這種情形的發生，家長一定要注重培養孩子的規則意識，告訴孩子不同的場合有不同的規矩。

　　國強帶著妻子和孩子參加朋友間的聚會。吃飯之前，他告訴兒子說：「把飯吃完，我就買冰淇淋給你。」誰知兒子只吃了幾口飯卻哭鬧起來，吵著要吃冰淇淋。國強卻只顧和朋友聊天，對兒子置之不理。見父母沒什麼反應，孩子漸漸停止了抽泣。

　　這時候，國強對孩子嚴肅道：「坐有坐相，站有站相，別吵到別人。將飯吃完，爸爸再帶你去吃冰淇淋。」孩子立刻乖乖地繼續吃飯了。

　　有些家長認為孩子應該自由成長，不該被各種規矩限制住，但自由不等於放任。家長要從孩子 3 歲起就向孩子灌輸規則意識。為了方便孩子理解，家長不妨利用生活中的各種場合來向孩子闡述規則的重要性，明確告訴孩子應當怎樣做。

　　孩子的不良行為往往發生在下面這些場合中：

　　1. 餐廳或參加宴會。很多家長都有過這樣的體驗，帶著孩子出去吃飯或參加宴會，結果孩子全程跑來跑去、大喊大叫，對大人的勸告充耳不聞；吃飯過程中喜歡玩餐桌的轉盤；霸占喜歡的食物，不許別人吃；將食物扒拉得到處都是，造成浪費等。

第八章　窮養富養，都不如好的教養

家長應從孩子小的時候就培養孩子關於餐桌的禮儀，要點包括：飯前洗手；不能亂跑打鬧，說話聲音不要太大；如果需要挪動座椅，動作輕一點，盡量不要發出聲音；不要爬到餐桌上夾菜，請大人幫忙；遇到不喜歡的食物，不要抱怨難吃；如果是旋轉的桌子，等別人取完食物再轉動；如果要打噴嚏，將頭轉向一邊，最好用餐巾捂住；提前退場要說「我吃完了，請各位慢用」等。

2. 大眾運輸工具上、電影院、圖書館。很多孩子為了表達自己的存在感，喜歡在人多的地方大喊大叫，製造噪音。看到人們皺起眉頭，捂住耳朵，孩子心裡反而會生起莫名的自豪感。

家長應教會孩子在公共場所的行為規則，首先是要告訴孩子在公共場所要保持安靜。其次包括：鼓勵孩子主動讓座給有需要的人；給別人造成了麻煩要及時道歉等。

看電影時最好帶孩子提前去上廁所並準時到場；要求孩子別動來動去，保持靜坐；看完電影後，讓孩子將所有垃圾收拾乾淨，並帶出電影院。

帶孩子去圖書館時一定要遵守圖書館的規定：愛護圖書，輕拿輕翻；別讓孩子在書刊上隨意塗抹，或者撕毀、丟棄圖書；禁止孩子在閱覽區吃零食、喝飲料，保持環境整潔。

3. 音樂會、博物館、展覽館。有些孩子喜歡在看音樂會的時候亂鼓掌，去博物館、展覽館時喜歡觸碰展品，甚至破壞展品。

帶孩子去音樂會或看表演時，要提前告訴孩子：「一定要在合適的時候鼓掌，如果不知道怎麼做，就照著別人的樣子去做。」

去博物館、展覽館時，讓孩子謹記參觀禮儀：只需動眼不許動手；

> 每個場合都有它的規矩

著裝整潔,不要穿拖鞋、背心來參觀;保持肅靜,用心感受藝術品的美。

4. 馬路、公園、廣場。有些孩子很調皮,喜歡在馬路上橫衝直撞,頻頻違反交通規則,無視紅綠燈。到了公園、廣場等人多密集、視野開闊的地方,有些「小屁孩」可能會突然撞擊別人,也不說對不起。如果撞到的是老人和嬰兒,可能會造成嚴重的後果。

家長應該時常和孩子討論安全問題,讓孩子嚴格遵守交通規則。要點有:馬路分快車道、慢車道、人行道,汽機車走快車道,腳踏車走慢車道,行人最好走人行道;紅燈停,綠燈行;走行人穿越道,不要橫跨圍欄,或者踩踏草坪;過斑馬線的時候要放慢腳步,注意四周等。

帶孩子去公園、廣場等地時,讓孩子不疾不徐,規矩行走;不小心撞到別人時要及時道歉;看到陌生人掉了東西,鼓勵孩子主動彎腰撿起東西,還給對方。

公共場所有公共場所的規矩,家庭有家庭的規矩。家長可根據自家情況為孩子建立一套合理的行為規範,比如說:管理好自己的房間;不亂扔玩具,哪裡拿的放回哪裡;進別人的房間前先敲門,不要隨意打擾別人等。

美國前總統歐巴馬十分重視家庭傳統和規矩。他曾替 10 歲的大女兒瑪莉亞和 7 歲的小女兒娜塔莎制定了幾條家規。內容有:每晚 8 點 30 分準時熄燈;起床後一定要鋪床;不准無故爭吵、抱怨、或取笑別人;保證玩具房的乾淨整潔;課餘生活要安排得豐富合理、不准追星;無論是過生日還是聖誕節都要保持節儉……

家長應該將各種場合中應遵守的規矩一一向孩子闡明,別讓孩子盲目服從。表述的話要簡單易懂,孩子容易遵守。

第八章　窮養富養，都不如好的教養

　　注意不要採用嚇唬的方式替孩子立規矩，有些家長喜歡說「你不聽話，這個家就不歡迎你」、「看我怎麼收拾你」……這只會增加孩子的焦慮感，卻並不能幫助孩子理解規則的意義。

　　家長應在日常生活中投入更多的愛心和耐心，幫助孩子形成明確的規則意識，必要時與孩子擬定契約，用賞罰並重的方式培養孩子的契約精神，讓孩子心甘情願地遵守種種規矩。

糾正孩子行為中的攻擊性

糾正孩子行為中的攻擊性

　　孩子玩玩具的時候，一遇到困難就將玩具推倒或者摔爛在地；孩子脾氣火爆，動不動就推搡其他小朋友；孩子一言不合就將手中的東西向身邊的人扔去……這種種攻擊性行為的源頭在哪？孩子無故攻擊別人或者被別的小朋友攻擊時，家長應該如何處理？

　　昊昊五歲多的時候，脾氣突然變得很暴躁。有時候，他會突然衝過來咬爸爸的手臂。一開始，爸爸很生氣，但是他極力壓制住了情緒，拉著昊昊心平氣和地說：「昊昊，為什麼總是咬爸爸？是因為爸爸不讓你玩大人的手機嗎？」昊昊點點頭。爸爸嚴肅地對昊昊說咬人是不對的，並將他不讓小孩玩手機的原因一一解釋給昊昊聽。

　　從那以後，爸爸盡量避免在孩子面前玩手機。他抽出更多的時間教孩子玩起了跳棋和西洋棋。在爸爸的努力下，昊昊愛咬人的習慣慢慢地被糾正了。

　　2017年的一項調查顯示，九成以上的幼兒行為中會具有攻擊性傾向，常表現為打、罵、咬、推、踢別人或者搶別人的東西等。專家分析說，嬰幼兒階段是攻擊性行為形成的關鍵期，而攻擊性行為的第一個高峰一般出現在3～6歲，第二個高峰出現在10～11歲。概括而言，男孩的行為攻擊比女孩要頻繁、嚴重，女孩大多會採取語言攻擊的模式。

　　孩子為什麼會出現攻擊性的行為？1～2歲的孩子認知水準低，無法採用恰當的方式表達負面情緒。這時候孩子為了宣洩情緒，有的會出現手臂亂舞等情緒性體態，有的會隨意摔東西。2歲多的孩子若在活動的時候受到干預，往往會用推人的方式表達拒絕。

　　特別常見的一種現象是：孩子看到喜歡的玩具會動手去拿、去搶，

第八章 窮養富養,都不如好的教養

這會引起玩具的主人 —— 另一名小朋友的反抗進而引發爭吵。這是因為孩子太小,對物權關係沒有概念,分不清哪些東西是自己的,哪些是別人的。這種行為與自然界的動物為了領地和食物發生爭奪的情形很相似。

如果孩子在這場「玩具保衛戰」中贏得了勝利,他會對自己的搶奪行為記憶深刻。那麼下一次孩子若是遇到了同樣的情況,為了達到目的,他會再次採取攻擊性行為。

很多家長認為這是孩子間的小打小鬧,對這個問題不需要過度重視。孩子發脾氣時,有些家長甚至會逗孩子玩,用誇張的口吻談論孩子打人的樣子,這會導致孩子攻擊性行為的進一步強化。

另外,孩子出現攻擊性行為可能和周圍的環境有關。家長若脾氣暴躁,經常與人發生衝突,孩子也會受到家長的影響,習慣用「武力」去解決問題。而且現在很多電視、電影中總是出現對抗性、攻擊性的畫面,孩子判斷不了是非對錯,可能會將暴力行為視為「勇敢」。

這兩種情況下孩子也容易發生攻擊性行為:家長對孩子關心不夠,時常打擊孩子的自尊,孩子因缺乏安全感,性格會變得尖銳;另一些家長過度縱容孩子,老是對孩子灌輸「先下手為強」的負面思維,孩子逐漸養成唯我獨尊的性格。

該如何改正孩子行為中的攻擊性?家長可參考以下方式:

◆ 善用「面壁思過」法

家長要及時制止住孩子的不良行為,引導孩子意識到自己的錯誤。時機成熟時離開孩子,並要求孩子獨自一人「面壁思過」。事後與孩子談心,讓孩子總結反思自己的行為。

> 糾正孩子行為中的攻擊性

◆ 情景再現，讓孩子扮演被攻擊者

家長不妨將之前發生衝突的那一幕重新模擬一遍，自己扮演攻擊者，讓孩子扮演被攻擊者。透過這種方式來提高孩子的換位思考能力。

◆ 帶孩子玩「破壞性」遊戲，引導孩子合理宣洩情緒

孩子煩惱、憂愁、憤怒等情緒得不到合理的抒發，攻擊性行為就會變得嚴重。帶孩子玩一些「破壞性遊戲」，能夠釋放孩子的不良情緒。比如和孩子一起玩黏土遊戲，讓孩子在用力擠壓、摔打黏土的過程中慢慢平復心情。

家長可以根據孩子自身情況設定合適的遊戲。對於一些精力較為旺盛的孩子，家長可帶他們去踢足球、練武術、賽跑；喜歡叫嚷、表現欲強的孩子可帶他們練習演講、朗誦、表演；好奇心強的孩子可以去學魔術方塊、玩迷宮遊戲等。

生活中，家長要盡量提供孩子寬敞明亮的活動空間，最好別讓孩子玩玩具刀槍等帶有攻擊傾向的玩具。同時，阻止幼兒接觸帶有暴力場面的影視劇，減少來自外部環境的刺激。家長還可以帶孩子參加公益活動，用親身行動去幫助弱勢族群，培養孩子的仁厚之心。

作為家長，對孩子的攻擊行為不要護短、縱容乃至洋洋得意，而是要設法幫助孩子矯正不良行為。自家孩子被欺負也要教孩子正確應對的方法。

當孩子被其他小朋友攻擊時，孩子逃避、退縮會讓對方得寸進尺，讓孩子「打回去」卻會進一步激化矛盾。家長要讓孩子學會正面應對，同時教會孩子自我保護的能力和技巧，及時給予孩子擁抱，平復孩子心中的委屈。孩子停止哭泣後，家長應溫柔地告訴孩子正確的處理方法，如「別人欺負你了，試著和對方交流溝通，如果對方沒有意識到自己的錯誤，那麼就去告訴老師和大人，讓他們幫你解決問題」。

第八章　窮養富養，都不如好的教養

你以為的「童言無忌」其實很傷人

孩子總習慣用最直白的語言來抒發心中的想法，例如「你長得好醜」、「我不喜歡你」、「你的衣服好難看」、「我不想和你一起玩」……這種「童言無忌」有時候能逗大人哈哈大笑，有時候卻會讓對方僵在那裡下不了臺。

春節的時候，小唐帶著女兒晶晶去親戚家拜年。親戚見晶晶長得嬌俏可愛，忍不住摸了摸她的小辮子。誰知晶晶卻一甩手，說：「阿姨，妳別碰我，妳長得好醜啊，太胖了，真像卡通裡的豬八戒。」大家都愣住了，小唐連忙打了個哈哈，將話題岔開。親戚尷尬地咳了咳，離開了房間……

孩子口無遮攔可能會將家長推入尷尬的境地，有時候還會招來麻煩。儘管如此，大部分家長對這個問題卻不十分重視，總覺得孩子還小，毋須在意。

家長要承認，孩子的童言無忌其實很傷人，正因家長對孩子缺乏正確的教育和引導，孩子才會肆無忌憚地想說什麼就說什麼，完全不考慮後果。

孩子的童言無忌經常表現在這些方面：不分場合地說出自家隱私。孩子一來詞彙量不夠，二來不懂得區分場合，不曉得察言觀色，往往洩露了家中隱私還懵懵不知。家長應該告訴孩子什麼是原則性話題，讓孩子知道說話的界限在哪裡。

有些孩子肆無忌憚地當著別人的面，指出別人的缺點或生理缺陷，引起他人的尷尬和反感。當孩子說出「你走路一瘸一拐的好難看」、「你

你以為的「童言無忌」其實很傷人

臉上長了好多斑」等類似的話時，家長一定要及時制止孩子，告訴孩子這樣做是不對的。就算孩子說這些話的時候並無惡意，也要和孩子一起向對方表示誠摯的歉意。

有時候，孩子收到不喜歡的禮物會當眾說出來。這個送禮物的人可能是家人、同學、朋友，而孩子太過直白的表達一定會傷害到對方的感情。家長要告訴孩子，無論喜不喜歡都要第一時間表達感激之情，並牢記別人的心意。

一個春日午後，年幼的希拉蕊和爸爸在公園裡散步。一位穿著羊絨大衣、帶著毛皮圍巾的老太太正緩緩地走在他們前面，背影看起來很臃腫。希拉蕊脫口而出道：「爸爸，快看！那位老太太穿得好奇怪，她看起來太可笑了！」

她的聲音太大，前面的老太太裹緊了衣服，加快腳步向前走去。爸爸的表情嚴肅起來，說：「我發現妳既缺少欣賞別人的本領，又缺少熱心和友善。」希拉蕊不服氣道：「可是那位老太太本來穿得就很多啊。」爸爸說：「妳看，她欣賞鮮花的表情多麼安詳、愉快，妳不覺得她很美嗎？」希拉蕊有點羞愧，她仔細觀察了一會兒，漸漸體會到爸爸話中的深意。

在爸爸的鼓勵下，她走近老太太，讚美道：「您欣賞鮮花的表情真令人感動，您讓這春天更美了！」

家長該如何引導孩子與別人交流時言辭恰當呢？

◆ 避免使用負面的、帶有評判性質的語句

例如：一對母子在路上碰到了一隻流浪狗，孩子一邊躲在媽媽身後，一邊嚷嚷著：「真髒！」母親溫柔地對孩子說：「這隻可愛的小狗需要洗澡囉！」

第八章　窮養富養，都不如好的教養

　　家長平時在孩子面前多使用正向語言，少發些牢騷，或其他帶有負能量的、評判性質的話語，孩子在這種環境下會潛移默化地避免對別人進行一些負面評價。

◆ **用故事去循循善誘**

　　例如：當孩子說別人長得胖的時候，不妨跟他說一個故事：「你喜歡胖胖的小貓還是瘦瘦的小貓？小貓和人一樣，有胖有瘦，有高有矮，牠們都一樣可愛、一樣討人喜歡是不是？」孩子的年紀太小，家長跟他講大道理，孩子可能不太能聽明白，不如把道理代入幽默的小故事裡，這樣更容易被孩子記住並且理解。

　　讓孩子明白何為說話的「界限」，一是為了讓孩子能夠保護自我，二是讓孩子尊重這世上的諸多不同。家長要制止孩子對別人的不同之處妄加評價，並作到以身作則，不當著孩子的面對別人說長道短、評頭論足。這其實是在幫助孩子建構多元的價值觀。

　　很多家長怕孩子走丟，會讓孩子記住家庭住址、電話號碼。但一定要告訴孩子，這些資訊什麼時候該說，什麼時候不該說，以免孩子口無遮攔引來麻煩。

　　成年人口無遮攔，會被人埋怨說「EQ低」，但孩子的直白言語卻大多被視為「童言無忌」。然而，這種「童趣」卻會變成傷人的利器。如果家長不重視起來，它必會對孩子未來的社交造成嚴重阻礙。家長得引導孩子做生活的有心人，學會考慮他人的感受。

越是妥協，孩子越是「貪心」

家長教育孩子的過程中是否也曾遇到過這樣的問題：孩子這也要，那也要，欲望就像是個無底洞，怎麼也填不滿。例如：家長跟孩子說好了「這是最後一塊巧克力」，可是孩子吃完立刻「翻臉不認帳」，非得鬧著再來一塊。面對這種情況，家長該怎麼做呢？

睡覺之前，天天躺在床上聽故事。媽媽說完了三個故事後，告訴天天道：「故事都講完了喲，睡覺吧。」天天抱著媽媽的手臂，撒嬌道：「不嘛，不嘛，再說一個！」媽媽無奈地說：「這是最後一個了喲。」她翻開書，讀了起來。誰知講完後天天卻仍不甘心，纏著媽媽繼續講下去。

媽媽將臉一黑：「你怎麼說話不算話？」天天立刻又哭又鬧，媽媽嘆了口氣，只得答應了天天的要求。

三四歲的孩子占有欲強，眼裡只能看到「想要的」，對其他的事物視而不見。家長在屈服於孩子的「貪心」時，往往會搬出一大堆理由：為了孩子不餓到；為了孩子不受挫折；為了擺脫公眾場合中的難堪；為了能早點睡覺……

導致孩子貪心的最大原因在於家長的陪伴不夠，親子活動過少。這時候，孩子會將情感轉移到對「物」的迷戀上，如貪戀玩具、零食等。很多家長觀察到這樣一個情況，孩子哪怕如願得到想要的玩具，卻並不知道珍惜，還沒玩幾天便要求家長買新玩具給他。

這是因為孩子不過是在拿玩具填補內心的欲求而已，如缺失的情感，孤獨的情緒等。可無論孩子擁有多少玩具，都無法填補他內心的空虛感。

第八章　窮養富養，都不如好的教養

家長向孩子講條件的時候，總會用上「最後」這個詞語，卻往往忽略了孩子的語言理解能力。孩子沒有時間概念，「最後」意味著什麼，他們並不清楚。即便如此，孩子卻明白：只要答應家長提出的條件，就可以得到想要的。這是孩子一再破壞「最後」約定的原因。

孩子太過貪心，家長最好的回應方式是溫柔而堅定地表示拒絕。孩子若是無理取鬧，家長可循循善誘，提出「談判」，吸引孩子的注意力，平復孩子的情緒。

談判的過程中，家長要將姿態放低，平視孩子的眼睛，冷靜傾聽孩子的要求。記住要將談判時間的設定權掌握在手裡。當規定時間已到，孩子並未說服你時，理智地告訴孩子：「雖然你很失望，但談判已經結束了。」

孩子若是不接受結果，繼續發脾氣，家長可及時叫停。比如留孩子一個人在房間裡冷靜。談判次數進行得越多，孩子越能明白他的哭鬧是換不來期待中的結果的。久而久之，孩子自然學會按規則行事了。

改正孩子的行為需要經過漫長的過程，家長要注意以下細節：

◆ 提前亮出底線

一些家長在讓孩子吃了一顆糖後，總是耐不住孩子的糾纏、請求，又給了孩子第二顆糖。與其如此，不如在一開始就告訴孩子：「今天你可以吃兩顆糖。」

讓步、妥協會讓孩子誤以為「哭鬧」、「央求」是他們的絕招。一開始就讓孩子知道家長的底線，並堅決守住底線，孩子才會收斂貪心行為。

> 越是妥協，孩子越是「貪心」

◆ 安排儀式，為禮物增值

一位爸爸總會精心挑選有意義的小禮物送給孩子，有時候是一本書，有時候是一個望遠鏡。他喜歡將禮物藏在家裡的各個角落，然後引導孩子自己去找。當孩子費了一番心思終於找到了禮物後，會非常興奮、開心。這時候，爸爸會為孩子安排一個拆禮物的儀式：他讓孩子將禮物傳給自己、自己傳給媽媽，媽媽再傳給奶奶，最後禮物又傳回到了孩子手裡。

利用特殊儀式可讓禮物在孩子心中的分量大大增加。當孩子被這一個個有意思的小禮物打動時，他就不會覺得商場裡光鮮亮麗的玩具、零食有著十分珍貴的價值了。

孩子在遭到拒絕時，總會脫口而出：「為什麼不可以……」有些家長會粗暴地回答說：「我說不行就是不行。」這會激起孩子的反抗情緒，於是沒完沒了地和家長唱反調。

有些家長選擇對孩子絮絮叨叨地解釋：「你睡前聽太多故事，容易興奮的睡不著覺，長期下去會導致睡眠不好、身體不好……」可是孩子往往沒有耐心聽解釋。不如說一些俏皮話來迎合孩子的胃口：「小樹一天一天長大，漸漸長成一棵大樹，寶寶一天只聽一個故事，聽完一千零一個故事，就成了故事大王啦。」

平時還可多和孩子講講由於貪心而造成嚴重後果的童話故事，比如《漁夫和他的妻子》、《聚寶盆》、《貪心的小羊》等。

妥協只會換來孩子短暫的快樂，並不能真正解決問題。等孩子覬覦起不屬於自己的東西，哪怕不擇手段也要得到的時候，家長再去後悔，卻是為時已晚。家長要幫助孩子改掉貪心的壞毛病，學會知足常樂的道理。

第八章　窮養富養，都不如好的教養

別讓你的孩子成為人見人厭的「小屁孩」

有人說，這個世界上比拆遷大隊更有破壞力的是小屁孩。網友還調侃道：「小屁孩要拜訪你家？記得提前將珍貴的、值錢的東西藏好，否則，你心愛的化妝品、玩具、手辦都要遭殃。」自家孩子若成了人見人厭的小屁孩，家長就要認真地反省自己的教育工作了。

一位媽媽在某育兒論壇留言，控訴她的鄰居「欺負」她的孩子。這位媽媽經常帶兒子去鄰居家串門。兒子一進門就亂跑亂叫，將鄰居心愛的書籍丟得到處都是。鄰居剛想發火，這位媽媽卻笑意盈盈道：「這個年紀的孩子就是精力旺盛，正常！」

有一次，她的兒子將一杯水差點潑到鄰居家的電腦上，鄰居瞬間火了，將孩子推到一邊。孩子立刻跳上前來踢打鄰居，鄰居向孩子的媽媽道：「妳家孩子也太皮了，妳怎麼不管管！」媽媽卻將兒子拉到身後，不滿地說：「調皮的孩子聰明啊，妳怎麼能跟孩子一般見識？」說著氣呼呼地帶著孩子走了，留下目瞪口呆的鄰居。

小屁孩有著類似的表現：肆意妄為、不聽管教。曾有人在網路上調侃：希望高鐵上能夠設定屁孩專用車廂。可見那些孩子的表現已經引起了大多數人的反感。

有些孩子喜歡捉弄別人，經常對著陌生人推推打打；有些孩子喜歡亂摸亂翻別人的東西，看到喜歡的就據為己有；有的孩子搭電梯喜歡亂按樓層……

其實，不是孩子「屁」，而是家長「恐龍」。在恐龍家長眼裡，孩子的一舉一動都是活潑可愛。家長秉持著這樣的思想去教育孩子，就容易

> 別讓你的孩子成為人見人厭的「小屁孩」

讓孩子不明白何為換位思考，對別人造成了傷害和困擾也表現得不以為然。

還有一些家長本身就三觀不正，心裡根本沒有公共物品的概念。哪怕孩子浪費了公共資源，他們卻認為理所當然，這比單純寵愛孩子更值得詬病。而懂得將心比心的家長卻能培養出善解人意的孩子。即便孩子確實對大家造成了困擾，也能被原諒。

在 A 市飛往 B 市的某趟飛機上，年輕父母細心照料著一對雙胞胎寶寶。飛機起飛後，年輕爸爸態度溫柔地向身邊座位上的旅客發起了卡片。大家端詳著手裡的卡片，心頭湧起一陣暖意。只見卡片設計得很是可愛，上面字跡娟秀：

「親愛的叔叔阿姨，我們是一對相親相愛的雙胞胎。提前跟叔叔阿姨道歉，因為我們可能會因為太興奮或身體不舒服突然哭鬧起來。如果打擾了你們，請向我們的媽媽索要耳塞，同時我們的搞笑奶爸還可以為您唱歌消磨時間喲。祝各位叔叔阿姨旅途愉快！」

生活中，在孩子打擾了他人、與他人發生衝突時，有些熊家長並不咄咄逼人，而是無動於衷。他們會說：「沒辦法，我也管不了。」如果家長一味地縱容孩子的壞習慣，只會造成更嚴重的後果。比如社會上經常出現這樣的新聞：因一時好奇，小屁孩將孕婦推倒；因施工太吵，小屁孩割斷工人的安全繩；因惡作劇，小屁孩把兩歲女童關進電梯……

很多家長為小屁孩辯護時經常將「孩子還小」掛在嘴邊，但這只是安慰自己的藉口罷了。小屁孩長大了也不會有任何改變，人生之路反而會越走越狹窄。

那麼，面對這些孩子，家長應該怎麼做？可參考以下建議：

第八章　窮養富養，都不如好的教養

◆ 設立「淘氣椅」

育兒師會在寶寶哭鬧、撒潑的時候，讓寶寶坐在「淘氣椅」上平復情緒。家長可以將這一套搬進家庭教育中，等孩子情緒平復後，再耐心教導他行為中有哪些失當之處。

◆ 另類懲罰：讓孩子在畫冊上將發生的事情畫下來

孩子如果犯了錯，等他冷靜下來後讓他用專門的畫冊畫下之前發生的事情，並記錄好時間。這樣做不會傷到孩子的自尊心，還有利於家長了解孩子心裡的想法。

◆ 及時承認教育失職，並督促孩子用行動去挽回過錯

國外一個10歲小男孩經常在電梯裡撒尿，讓眾人氣憤不已。男孩的母親先在大樓群組發了家長道歉信和孩子的檢討書，後來又要求孩子打掃一個月電梯作為補償。此後孩子果真每天都去打掃電梯，立即贏得了大家的原諒。

◆ 培養孩子的邊界意識

一個有邊界感的孩子在人際交往的過程中，會清晰地知道自己該說什麼，該做什麼，自然會給人留下有教養、有水準的好印象。為了培養孩子的邊界意識，家長應該給予孩子足夠的私人空間和選擇權、支配權、隱私權，慢慢地，孩子就能領會到何為「邊界」。

孩子就像一塊橡皮泥，擁有著很強的可塑性。千萬不要放任孩子野蠻生長，這樣只會讓孩子不懂規矩，引來旁人的反感。不想讓自家孩子成為屁孩，就別讓自己成為恐龍家長。

你的修養，決定孩子的教養

　　蘇霍姆林斯基曾說：「對一個家庭來說，父母是根，孩子是花朵。父母常『看到』孩子的問題，卻不知這其實是自己的問題在孩子的身上『開花』。」家長如果對弱勢族群缺乏同情心，孩子的性格也會漸漸變得冷漠；家長喜歡無理取鬧，孩子也變得強勢起來……孩子的個性是在與家長長時間的相處互動中形成的，家長現在的行為正印證了孩子未來的樣子。

　　一位清道夫手執噴壺，給綠植噴水。父子倆靜悄悄地待在一旁觀察。男孩對父親說：「爸爸，我也想試一試。」父親上前，對清道夫禮貌地提出了這一請求。清道夫欣然應允。男孩開心地接過噴壺，澆得格外仔細。

　　小男孩仰起頭，驕傲地說：「爸爸，要是我長大後也能成為一名清道夫就好了。」父親摸摸他的小腦袋，平靜地說：「好呀，行行出狀元，前提是你得好好讀書。」

　　修養與教養並不是一回事，先天的家庭教育培育了一個人的教養，後天的自我提升則塑造了一個人的修養。如果將原生家庭視為土壤，那麼家長的修養就是孩子教養的養料，家長提供什麼樣的養料，就能培育出什麼樣的果實。

　　很多家長為了提供更好的物質條件給子女而竭盡全力，卻將最為重要的家庭教育棄置一旁，可謂是本末倒置。於是生活中這樣的情況時時發生：超市裡，家長牽著孩子，趁亂擠進隊伍中；走在路上，家長當著孩子的面對外地人或乞討者鄙夷不屑，破口大罵……

　　處於成長期的孩子對外界資訊缺乏基本的判別能力。家長要提前為

第八章　窮養富養，都不如好的教養

孩子做好甄選，向孩子做出良好的行為示範。這些資訊和示範很可能會成為孩子日後人格的一部分。

孩子之所以「扯父母後腿」，問題出在不懂教養的家長身上。家長自身「行不正坐不直」，就別怪孩子有樣學樣。不負責任的家庭教育可謂是搬起石頭砸自己的腳。

一位老爺爺因為公車司機並未如他心願，在十字路口停車，等老爺爺趕上公車後他一面猛砸車門，一面對司機痛罵不休。隨後，老爺爺不依不饒地堵在車門口，甚至動手打起人來。老爺爺的孫女拉住他，苦口婆心地說起道理，他卻不聽。

只聽女孩說：「爺爺，這件事本來就是你做錯了！車沒進站就不能攔門上車，您再這樣以後不用來接我放學了！」隨後，女孩走到司機身旁，誠懇地低頭道歉⋯⋯

家長如果是極端的利己主義者，孩子的是非觀只會變得扭曲起來。素養與修養堪稱人的「第二基因」，家長能給予孩子的最寶貴的精神財富莫過於此。家長一定要以身作則，教會孩子如何優雅得體地與人交往。具體可參考以下建議：

◆ 不要因為瑣事相互謾罵，抱怨不休

生活中經常看到夫妻相互指責：「你煩不煩啊」、「我真是瞎了眼跟你在一起」、「離婚算了」⋯⋯總是用吵架來解決問題或者對最親近的人口出惡言的家長，會給孩子留下一生難以磨滅的心理陰影。

◆ 別輕易推卸責任

很多家長陷入了這樣的邏輯惡性循環：孩子成績不理想，就將所有責任推到學校的教育上；孩子喜歡打遊戲，就認為遊戲「十惡不赦」⋯⋯

他們從不肯承認自己的錯誤，甚至將氣撒在孩子身上。這使得孩子的責任意識變得越來越薄弱，親子間的信任也遭到了考驗。

◆ **熱愛生活，有獨特的生活情趣**

斤斤計較的家長只會培養出眼高手低的孩子。家長擁有豐富多彩的精神生活，孩子眼界和心胸也會變得開闊、豁達起來。

◆ **保持清醒、自律**

尤其是在公共場所的時候，家長更要審視自我言行，是否合乎道德規範。平時找一找自己觀念上有哪些需要改進的地方，改變一些不適當的做法。

◆ **戒掉吸菸酗酒等不良惡習**

家長為了社交應酬或排解壓力經常是煙不離手、借酒消愁。這其實是在向孩子灌輸錯誤資訊，比如抽菸、喝酒才能交到朋友。家長應該用更健康積極的解壓方式來代替菸酒，除此外還要戒除沉迷遊戲、賭博等其他惡習。

教育專家尹建莉說：「家長要想教育孩子，第一個教育對象應該是自己，即提高自己的素養。」因為家長的一言一行，都對孩子的人格塑造有著潛移默化的影響。家長要在教育孩子的過程中，努力推動自己進步，和孩子一起成長。

不妥協的愛，設立「底線」完善孩子的正向特質：

人品塑造 × 情緒控制 × 三觀養成 × 獨立訓練，避免「黑子化」發展，從小就要充實孩子的心靈

作　　　者：	劉小軍
責 任 編 輯：	高惠娟
發　行　人：	黃振庭
出　版　者：	崧燁文化事業有限公司
發　行　者：	崧燁文化事業有限公司
E - m a i l：	sonbookservice@gmail.com
粉　絲　頁：	https://www.facebook.com/sonbookss/
網　　　址：	https://sonbook.net/
地　　　址：	台北市中正區重慶南路一段61號8樓 8F., No.61, Sec. 1, Chongqing S. Rd., Zhongzheng Dist., Taipei City 100, Taiwan
電　　　話：	(02)2370-3310
傳　　　真：	(02)2388-1990
印　　　刷：	京峯數位服務有限公司
律 師 顧 問：	廣華律師事務所 張珮琦律師

版權聲明

本書版權為樂律文化所有授權崧燁文化事業有限公司獨家發行電子書及紙本書。若有其他相關權利及授權需求請與本公司聯繫。

未經書面許可，不得複製、發行。

定　　價：375 元
發行日期：2024 年 11 月第一版
◎本書以 POD 印製
Design Assets from Freepik.com

國家圖書館出版品預行編目資料

不妥協的愛，設立「底線」完善孩子的正向特質：人品塑造 × 情緒控制 × 三觀養成 × 獨立訓練，避免「黑子化」發展，從小就要充實孩子的心靈 / 劉小軍 著 . -- 第一版 . -- 臺北市：崧燁文化事業有限公司，2024.11
面；　公分
POD 版
ISBN 978-626-416-127-5(平裝)
1.CST: 親職教育 2.CST: 子女教育 3.CST: 德育 4.CST: 品格
528.2　　　　　113017436

電子書購買

爽讀 APP　　　臉書